LE DUC DE BORDEAUX,

LE DUC DE REICHSSTADT

ET

LA FRANCE NOUVELLE.

Le duc de Bordeaux,

LE DUC DE REICHSSTADT

ET

LA FRANCE NOUVELLE.

Par M. J. P. Gavand,

AUTEUR DE PLUSIEURS ÉCRITS POLITIQUES.

——

Bonaparte de Monk eût envié la gloire ,
Mais l'intrigue des Cours lui faisait redouter
Par un vil favori de se voir supplanter.
Princes, des rois ingrats effacez la mémoire ,
Accueillez les grands noms , les cœurs indépendants ;
Le génie est fertile en nobles sentiments ;
Le prix de la vertu n'est point dans l'ostracisme :
    Une injuste sévérité
    Rend les Bayart du royalisme
    Washington de la liberté !
      (L'AUTEUR. *Inédit.*)

A LYON,

CHEZ ROUBIER, LIBRAIRE, PLACE BELLECOUR , Nº 17.

A PARIS,

CHEZ AUDIN, LIBRAIRE, QUAI DES AUGUSTINS, Nº 25.

ET

CHEZ TOUS LES MARCHANDS DE NOUVEAUTÉS.

Septembre 1830.

LYON. — LOUIS PERRIN, IMPR.

PROFESSION DE FOI.

❋

Je n'ai jamais su résister à ma conviction, j'ai toujours passé avec délice de l'erreur qui m'avait séduit à la vérité qu'on m'a fait connaître. Depuis l'âge de maturité, j'ai invariablement déclaré que je n'ambitionnais pas plus les suffrages des royalistes qui n'étaient point devenus constitutionnels, que des constitutionnels qui n'étaient point devenus royalistes. Ainsi que M. de Châteaubriand, après avoir écrit, exposé et troublé ma vie pour les Bourbons, j'ai aussi obtenu l'honneur d'être appelé rénégat, apostat, révolutionnaire, royaliste de la *défection* par les royalistes de la *désaffection*, comblés des faveurs d'un maître qu'ils n'ont servi qu'en faisant parade d'un stérile dévoûment dans les antichambres de ses ministres. Comme à ce grand homme de bien, il ne m'a manqué, pour devenir quelque chose dans ma sphère de médiocrité, qu'un défaut et un vice : l'ambition et l'hypocrisie.

J'ai mieux aimé porter pendant quatorze années, sans murmurer, la pesante cuirasse de l'infortune et d'une sourde proscription, sous les ministères Decazes, Villèle, et Polignac, juste expiation de mes royalistes égarements. Le plus beau spectacle des sociétés humaines est la lutte de l'homme d'honneur et de courage aux prises avec l'adversité ; elle abat les ames faibles , et retrempe les ames fortes, de même qu'un vent impétueux éteint la flamme vacillante d'un pâle flambeau , et donne des ailes plus rapides à un incendie.

Je saluai le ministère Martignac d'un sourire d'espérance comme une aurore de bonheur ; j'y voyais quelques hommes de conscience et de talent qui avaient compris la France nouvelle ; c'était beaucoup pour celui qu'un passé déchirant avait accoutumé à ne plus rien craindre et à ne plus rien désirer. Je n'avais jamais douté de la loyauté et de la franchise de M. Hyde-de-Neuville, ami de cœur de l'immortel défenseur de nos libertés publiques, qui se présente dans nos temples avec *le Génie du Christianisme*, et monte à la tribune avec *la Monarchie selon la Charte*.

J'ai vu de près tous ces ambitieux effrénés, poussés au pouvoir par les efforts des vrais serviteurs du Roi, pour le malheur du pays ; j'ai acquis la cruelle certitude qu'ils avaient prémédité de ne jamais rien faire pour ce brave Peuple Français, qui n'a compté dans la balance politique , sous les dix gouvernements que nous avons eus depuis quarante ans de révolution, que comme une fabrique de soldats et une mine inépuisable de métaux.

Je fus indigné, je repris la plume. Je tiens beaucoup à mes sentiments et fort peu à mes vers ; j'en abandonne sans restriction la partie matérielle à la critique : je n'ai d'autre but que de constater un fait, une époque de ma vie , en citant ici quelques fragments de deux épîtres inconnues dans la province, adressées à M. de Villèle en 1825. Il était alors tout-puissant ; il venait de faire sacrer à Reims le descendant du bon Henri , deux fois revenu de l'exil , pour y retourner avec ce pompeux stygmate , et accompagné de l'orgueilleux pontife qui le lui imprima.

Je disais à Charles X :

Tu ne souffriras plus qu'un homme ambitieux,
S'élevant par l'intrigue au rang des demi-dieux,
Dispensant les faveurs, foulant aux pieds ses frères,
Profane de ton nom les sacrés caractères,
Fonde un autre parti que celui de nos rois,
Et mette son caprice à la place des lois ;
Qu'il rapporte à lui seul les destins de la France ,
Ou bien aux seuls élus de sa munificence ;
Que ce nouvel Aman, dans son zèle affecté,
Oppose la censure à la fidélité ,
Des plus grands tribunaux proscrive la sentence ,
Punisse un magistrat de son indépendance ,
Ote à l'opinion son généreux essor,
Et place notre Charte à l'ombre de la mort...!!!
Louis nous la donna , Charles , tu l'as jurée,
Tu nous en garantis l'éternelle durée.

A la Patrone du ministère déplorable :

Paganisme des cours , tes idoles impures
Sont un objet d'horreur pour les races futures ;
Dans ton culte infernal pourquoi rassembles-tu
Le cortége du vice autour de la vertu ?

Combien de souverains , jouets d'une intrigante
Accablent de faveurs la tourbe dévorante
De ses vils protégés , détestables flatteurs ,
De nos calamités les plus cruels auteurs !
Un monarque expirant, vaincu par la souffrance ,
N'oppose à leurs desseins aucune résistance ,
Lègue à son successeur ce dangereux fléau ,
Semblant régner encor du fond de son tombeau....
. . . .
Pour nous faire oublier le joug d'un Conchini ,
A nos deux Henri quatre il faudrait un Sully :
D'un si beau dévoûment les exemples sont rares ,
Des grands hommes d'état les siècles sont avares ;
Mais rien de plus fatal qu'un ministre sans foi :
La mort de Mazarin fit connaître un grand roi...!!!

Aux membres du Clergé qui dédaignent les su-
blimes leçons de l'archevêque de Bordeaux et de
son admirable prédécesseur :

Ministres des autels d'un Dieu de charité ,
Montrez à l'avenir moins de cupidité ;
Frondez par vos discours la vanité païenne ,
Par l'exemple prêchez l'humilité chrétienne :
Préférant la candeur des humbles publicains ,
Aux sépulcres blanchis, le Sauveur des humains
Des Tartufes du jour prédit l'apostasie :
Le plus noir sacrilége est dans l'hypocrisie...!!!

En voilà plus qu'il n'en fallait pour me faire
mettre à l'index et vouer aux furies vengeresses
d'une police sans miséricorde. Je ne m'en tins
pas là ; j'ai toujours sympathisé avec le malheur :
c'est un aimant qui m'attire ; muet pour les
triomphes , je prodigue mon encens aux injustes

disgraces : je ne trouve aucun mérite dans cette triste conformité de sentiment avec ma propre expérience. A la même époque, je disais à M. de Châteaubriand, brutalement chassé du ministère par son lâche rival :

> Immortel écrivain, jouis de ta victoire,
> Ris des traits de l'envie, au faîte de la gloire,
> De l'éclat le plus pur ton nom brille à nos yeux ;
> De ce nouveau laurier ceins ton front radieux ;
> Chacun de tes écrits fonda la monarchie,
> L'union des Français est due à ton génie.

A M. Delalot, alors persécuté :

> Éloquent Delalot, pieux, franc et loyal,
> Abhorrant le métier d'adulateur banal,
> Fléau du plat ventru, de la horde parjure,
> Qui mendie un dîner, en hurlant : la clôture !
> Villèle sous tes coups craignant d'être abattu,
> Arrêta par l'exil l'essor de ta vertu ;
> Ton grand nom excita sa basse jalousie ;
> Il crut voir de ses plans l'écueil dans ton génie :
> Le Mécène des Juifs, l'improvisé Crésus,
> Voulut qu'on préférât Barrabas à Jésus...!!!

A M. Legendre, privé de sa pension par Corbière :

> Emule révéré d'Archimède et d'Euclide,
> Les vertus, le savoir sont une faible égide
> Contre un nouvel Omar et ses coups inhumains ;
> Comme ton devancier, aux murs syracusains,
> Expia par la mort sa fière insouciance,
> Puni d'avoir voté selon ta conscience,
> On priva tes vieux ans du fruit de tes labeurs,
> Pour en gratifier tes calomniateurs.....

A M. de Séguier, président de la Cour royale :

Descendant de Séguier, surpassant ton modèle,
Tes collègues, jaloux de seconder ton zèle,
Repoussent les efforts d'un pouvoir corrupteur,
Et suivent avec toi le chemin de l'honneur,
Répétant à l'envi sous tes mâles auspices :
La cour rend des arrêts, et non pas des services !...
Le sceptre de la loi fut remis dans vos mains,
Vous avez imité les sénateurs romains,
Opposant vos dédains aux fureurs ridicules
Du Brennus financier sur vos chaises curules ;
Lisez dans tous les cœurs cet éloge gravé :
Sans vous tout périssait, par vous tout est sauvé !

Je n'ai appartenu à aucun des partis qui se sont disputé les places à toutes les époques ; je n'en reconnais d'autre que celui de la France et de sa prospérité. Je suis, si l'on veut, du centre droit, où l'on vient de classer le *Journal des Débats*, puisque j'ai répété l'exclamation prophétique de M. Bertin l'aîné : *Malheureux roi ! malheureuse France !* à l'apparition des fatales ordonnances, comme à l'avénement du ministère Polignac. Tous les bons esprits pressentirent, ainsi que moi, une guerre à mort entre la Nation et une Dynastie sacrifiée au lâche ressentiment et à l'orgueilleuse nullité d'une poignée de brouillons et d'intrigants. Depuis long-temps tout était perdu fors l'honneur pour les hommes courageux et désintéressés qui avaient indiqué le bord du précipice ; je me vante d'être de ce nombre : loin de moi la pensée d'insulter au malheur ! je ne le pourrais sans cesser de me respecter moi-même.

Que les dévots d'argent et de place, que ces libéraux de la veille ou du lendemain, toujours sous bénéfice d'inventaire, accourant sur le champ de bataille quand tout est fini pour enlever les dépouilles des vainqueurs et des vaincus, m'appellent encore l'honnête homme ou *le niais ;* je les ai vus s'accroupir sous les ordonnances du 25, comme sous la cocarde du 31 Juillet. Un journal qui en représente la plus vile moitié, fut, pendant cette terreur éphémère, avec l'autorisation du préfet, le journal de la police et non pas *du Commerce :* aujourd'hui il insulte platement à ce qui le faisait trembler hier ; tandis que le *Précurseur*, feuille estimable, non content d'avoir fait tête à l'orage, avec une constance héroïque, donne, après la victoire, un exemple de modération qui l'honore aux yeux de tous les gens de bien. Le courage, don le plus précieux que l'homme ait reçu de la Divinité, se montre grand, généreux, magnanime ; la cruauté fut dans tous les temps la passion des lâches.

J'ai connu les plus affligeantes réalités de la vie, quand j'ai vu Villèle et Corbière, après avoir mangé le pain du *Conservateur*, sans contribuer au succès, fouler aux pieds M. de Châteaubriand qui les avait nourris. J'ai senti que les ames élevées ne pouvaient s'allier à des ames de fange, sans risquer l'honneur, le plus cher de tous les biens. Ce trait d'ingratitude et de lâcheté suffit pour déterminer ma résolution d'élever une barrière insurmontable entre moi et de pareils hommes ;

Je brûlai mes vaisseaux , et je les brûle encore.

Je déclare à la face du ciel et de la terre qu'aucun grief personnel n'a influé sur cette détermination. Je mets au défi mes ennemis les plus mortels de produire une ligne de pétition où j'aie fait valoir de prétendus services auprès des dépositaires du pouvoir ; je n'en excepte pas même le ministère Martignac , dont j'approuvais la sagesse et la modération.

Pendant mon séjour à Paris , j'ai vu une infinité d'hommes honorables victimes volontaires ou forcées de nos changements politiques. Cette instabilité déplorable justifie si amèrement le reproche de légèreté et d'inconstance que nous font les autres nations , que la devise des gouvernants et des gouvernés devrait être invariablement en 1830 , comme la mienne en 1825 :

Honneur au dévoûment , indulgence à l'erreur ,
Accueil au repentir , et respect au malheur !

Je la conserverai jusqu'à mon dernier soupir : que celui qui croit s'être conduit avec plus de désintéressement, de conscience et de loyauté , me jète la première pierre.

DUC DE BORDEAUX.

❋

L'héroïque population de Paris n'a souillé par aucun excès son triomphe légal ; cette noble conduite produit déja ses heureux effets : l'Angleterre sanctionne sa victoire, en tendant la main au premier peuple du monde. Le cœur bat d'admiration quand on songe que dans toutes les villes par lesquelles passaient les descendants de Henri ɪᴠ, s'acheminant vers l'exil, les gardes nationaux distinguaient avec un tact éminemment français les victimes des vrais coupables, et poussaient la délicatesse jusqu'à dérober à leurs yeux les nouvelles couleurs qu'ils avaient arborées.

Parmi ces illustres exilés se trouvent deux femmes condamnées à d'inconsolables douleurs, et un enfant.

Sacré par le malheur même avant sa naissance.

Louvel égorgea son père ; ce fut un crime isolé, inspiré par le fanatisme politique : ce monstre supporta la mort avec le courage des Clément, des Barrière, des Ravaillac, des Damiens. Pourquoi faut-il que de lâches calomniateurs, qui ont raison de cacher leur nom pour commettre sans danger un *assassinat moral*, viennent disputer aujourd'hui au fils jusqu'à la légitimité de son origine, et transformer en enfant du crime l'auguste enfant de l'infortune? parce qu'il a perdu la légitimité du pouvoir.....!!! Elle s'est noyée dans le sang, la légitimité! Oui, vous avez raison; n'en exceptez pas même le sang de Louis XVI, qui aima mieux perdre la tête sur un échafaud, que de répandre celui de son peuple.

Avant l'ouverture de la session des chambres par le Lieutenant-général du Royaume, avant le projet de déclaration adopté par la chambre des Députés, apporté et voté à la chambre des Pairs, deux journaux, *le Courrier français* et *le Messager des Chambres*, avaient cité, le 2 août, une espèce de protestation faussement attribuée à S. A. R. le duc d'Orléans, tendant à jeter des doutes sur la légitimité de la naissance du duc de Bordeaux.

Quand on a vu que cette horrible calomnie tombait d'elle-même, que le dégoût en avait fait justice, on a imaginé d'insérer une prétendue menace de réclamation de la part du père et de la mère de l'enfant dans un journal de Bruxelles, pour la faire répéter dans certains journaux de Paris, et dans toute la France par les *aboyeurs* qui ameutent la populace. Voilà décidément Basile devenu transfuge, il a passé dans les rangs opposés avec un redoublement de platitude et de lâcheté, dont il peut se

faire honneur aux yeux de tous ceux qui lui res-
semblent! Le pauvre homme! comme il s'expose!
toujours du côté le plus fort!

C'est le plus sûr moyen d'éviter le *bois vert*!

Non seulement les journaux qui se respectent
ont gardé le silence le plus absolu sur cette infa-
mie; mais encore les chambres ne lui opposant que
le sang froid du mépris, n'ont pas même daigné la
flétrir d'un mot d'indignation. Ses auteurs savaient
bien qu'il en serait ainsi, et que cette misérable
œuvre d'iniquité ne pourrait soutenir l'examen
d'aucun homme pourvu de quelque bon sens : c'est
pour les niais, pour les badauds, pour les faibles
qu'ils ont travaillé. Voilà de quelle façon certains
apôtres de la propagation des lumières savent ex-
ploiter l'ignorance à leur profit.

Il circule dans le public un libelle de quatre
pages, intitulé *Le duc de Bordeaux bâtard. Pro-*
testation du duc d'Orléans, *aujourd'hui Phi-*
lippe 1er, *roi des Français, contre la naissance*
du prétendu duc de Bordeaux.—Août 1830.—
On s'y est bien gardé, comme dans les journaux
qui l'ont citée, de terminer cette pièce par la signature de ce prince; mais on y dit :

« Le prétendu du duc de Bordeaux est né à Paris
« le 29 septembre 1820. La protestation du duc
« d'Orléans, faite *authentiquement* le lendemain
« 30, paraissait cinq jours après, imprimée *offi-*
« *ciellement* dans tous les journaux anglais.

« Nous la publions aujourd'hui. C'est au *peuple*,
« que l'on a trompé, qu'il importe surtout de la
« connaître; les députés, les pairs, qui seront
« appelés bientôt à prononcer sur les faits qu'elle
« contient, doivent la méditer ».

Il ne manque absolument à cette terrible protestation que le consentement et la signature du prince qu'on en dit l'auteur, apposée, ainsi que celle de toute sa famille au bas du procès-verbal et de l'acte de naissance du duc de Bordeaux, le 29 septembre 1820. Le libelliste en sous-ordre l'a prise comme nous dans le *Courrier français* du 2 août. Nous lui abandonnons *en toute propriété* ses quatre pages d'invectives et d'outrages contre un enfant et une femme sans défense. Nous ne lui ferons pas même l'honneur de les combattre : ce serait dans la boue qu'il faudrait descendre, pour lutter avec un pareil adversaire, puisqu'il n'ose pas se faire connaître. Il est superflu de lui demander ce qu'il entend par protestation *authentiquement* faite, et imprimée *officiellement* dans tous les journaux anglais. Il n'en sait pas plus à cet égard que le Courrier français où il l'a pillée, puisqu'il répète textuellement le nom d'une dame de GOU-LARD, qui ne s'est jamais trouvée à cet événement, mais bien Mme de Montant, vicomtesse de Gontaut-Biron, gouvernante des enfants de France. De telles gens ne daignent pas même ouvrir le Moniteur : ils trouvent bon tout ce qui leur tombe sous la main, pourvu qu'ils puissent calomnier à dire d'experts.

Désormais nous appellerons l'ANONYME le véritable auteur de la pièce principale, afin de ne plus mêler à ces débats un nom auguste, dont on a évidemment abusé. Pour le bonheur des honnêtes gens, les calomniateurs sont souvent maladroits : l'imposture est si faible contre la vérité! L'*anonyme* commence par nier la grossesse de la duchesse de Berry, veuve depuis le 14 février, accouchée le 29 septembre 1820, sept mois et demi après l'assassinat de l'infortuné duc de Berry. L'argument est aussi tranchant, qu'il est absurde : en effet, à qui persuadera-t-on qu'une jeune princesse, au milieu de Paris et d'une cour nombreuse, environnée chaque jour des personnes les plus intéressées à douter de son état, nièce de la duchesse d'Orléans, vivant dans l'intimité de mademoiselle d'Orléans, admise habituellement au Palais-Royal, ait pu simuler, pendant les quatre derniers mois surtout une fausse grossesse, et rendre ainsi tout le monde dupe d'une semblable supercherie ?

Les avertissements ont-ils manqué ? Avant d'expirer, le duc de Berry dit en présence de plusieurs témoins à la Duchesse : « conserve ta vie et ta santé « pour le nouveau fruit de notre union que tu « portes dans ton sein ! »

Les discours d'un mourant sont exempts d'artifice.

Avant le *Journal de Paris*, du 20 août, que l'on récuse comme confidentiel, toutes les autres feuilles avaient donné les mêmes assurances ; et des marques évidentes , un accroissement progressif impossible à feindre ne permettaient plus d'en douter. Par lettres closes du 11 juillet , le Roi avait désigné M. le duc d'Albuféra pour assister à l'accouchement : le principal motif de ce choix fut que ce maréchal était admis dans l'intimité de la famille d'Orléans ; pour la même cause , il lui avait adjoint M. le duc de Coigny , gouverneur des Invalides , beau-père du général Sébastiani aujourd'hui ministre de la marine. Par ordonnance du 22 juin , S. A. R. MONSIEUR , comte d'Artois , aïeul paternel , avait été nommé curateur au ventre.

L'événement attendu depuis plusieurs jours , arriva dans la nuit du 28 au 29 septembre. La princesse était à sa troisième couche ; les deux précédentes avaient été fort heureuses. Mmes Devathaire et Bourgeois , ses deux femmes de chambre , couchant dans deux appartements , l'un joignant immédiatement celui de la Duchesse , et l'autre très voisin , dont les deux portes restaient ouvertes toute la nuit , venaient de la quitter à *deux heures du matin*. Ce qui arrive tous les jours en pareille circonstance , se renouvela encore : une demi-heure après , les douleurs de l'enfantement se font sentir, la Princesse appelle ses deux femmes de chambre ; elles accourent , l'une tire les sonnettes , *pour avertir toute la maison ;* elle reçoit bientôt la tête de l'enfant. La Princesse demande de la lumière ; on allume un *flambeau* à la *lampe* , qui éclaire bien assez pour dormir. *L'anonyme* paraît si *illuminé* ou si ami des lumières, qu'il dort peut-être au *flambeau*, et ne s'éveille que dans les ténèbres; mais tout le monde n'a pas besoin d'une si vive clarté pendant le sommeil. S. A. R. attendait son terme depuis huit nuits, elle était bien aise de prendre quelque repos, et d'en laisser prendre à ses femmes, qui se jetaient sur leur lit tout habillées, pour être prêtes au premier signal.

A quoi bon une garde, quand on n'est point malade, et que deux femmes de chambre expérimentées couchent, pour ainsi dire, à vos côtés? Qu'y a-t-il d'étonnant que M. Deneux, accoucheur fût déshabillé; il fallait donc qu'il ne pût reposer ni jour ni nuit, qu'il se crût au bivouac, en sentinelle, comme un soldat à son poste, sans être un seul instant relevé? A-t-on jamais vu prendre de semblables précautions pour quelque personne que ce fût bien constituée et à sa troisième couche? Ne suffisait-il pas qu'il couchât au château, ainsi que la garde, afin d'être avertis l'un et l'autre en temps opportun par les femmes de chambre? Tout le monde était depuis long-temps sur le qui-vive; ce qui s'est passé se répète précisément toutes les fois qu'un événement se fait attendre; on est surpris au moment qu'on y pense le moins. Quoi de plus simple, de plus naturel, de moins fantastique?

Tel est le récit des faits antérieurs; pour les faits immédiats et postérieurs, suivons pas à pas *l'anonyme*, qui a cru se donner gain de cause, en profanant le nom d'un prince du sang, quoiqu'il commence par où il devrait finir. Qu'il tienne donc aujourd'hui sa promesse, faite depuis dix ans, de *produire les témoins qui peuvent faire connaître l'origine de l'enfant et sa mère, et toutes les preuves nécessaires; qu'il signale les auteurs de cette machination. Le moment favorable* est arrivé ou jamais, pour *dévoiler cette intrigue et cette scène fantastique.* Nous avons tout dit sur le journal de Paris du 20 août, sur l'annonce *confidentielle* de l'événement, du 20 au 28 septembre; sur la conduite des dames Devathaire et Bourgeois, femmes de chambre de la Princesse; sur l'absence de sa garde, couchée au château, avertie en même temps que Mme la vicomtesse de Gontaut-Biron, et non GOULARD, gouvernante des enfants de France; sur M. Deneux, qui se trouvait déshabillé; sur le flambeau allumé à la lampe de nuit.

Abordons le fait principal et les circonstances immédiates. Mme Bourgeois, 10e témoin désigné par le procès-verbal d'information, à peine endormie est tout-à-coup appelée par S. A. R. en ces termes pressants : « Vite, Mme Bourgeois, il n'y a « pas un seul moment à perdre ! », *saute au bas de son lit, tire les sonnettes, et à peine arrivée au lit de la Princesse, reçoit la tête de l'enfant;* elle allume un flambeau à la lampe par ordre de S. A. R., qui s'écrie : « Dieu ! quel bonheur ! « c'est un garçon, c'est Dieu qui nous l'envoie ! » Mme Devathaire, 9e tém., survenue en même temps que Mme Bourgeois était allée aussitôt prévenir M. Deneux et Mme de Gontaut-Biron; à son retour, elle vit l'enfant *tenant encore à sa mère, elle vérifia que c'était un garçon;* Mme Bourgeois alla chercher, par ordre de la Princesse, le garde-du-corps Franque, 7e témoin, en faction à la porte de S. A. R., et le garde-national Lainé, 3e témoin, en faction à la porte du pavillon Marsan.

Le procès-verbal d'information pris dans le *Moniteur* du 30 septembre 1820, et imprimé à la fin de cet écrit, est dans nos mains la massue d'Hercule; brisons d'un seul coup l'arme la plus redoutable de *l'anonyme*, chevalier de la calomnie. Qui le croirait! c'est la déclaration de Mme la duchesse de Reggio, 11e témoin, la plus insignifiante de toutes, puisqu'elle ne fit que paraître et disparaître, pour aller prévenir S. A. R. MONSIEUR, comte d'Artois.

En entrant, dit-elle, *je vis sur le lit l'enfant non encore détaché de sa mère; la Princesse me dit que c'était un garçon.* L'*Anonyme* en conclut : *ainsi, l'enfant était sur le lit, la Duchesse dans le lit, et le cordon ombilical introduit sous la couverture !!!...* Quelle force de raisonnement ! quelle logique, bon Dieu ! L'enfant était sur le lit avec sa mère et non encore détaché d'elle; ni l'un ni l'autre ne pouvait être ailleurs que sur le lit, puisqu'ils ne faisaient qu'un. Qui est-ce qui a parlé de l'enfant sur la couverture et de la mère dessous? Je défie l'impudent *anonyme* de prouver comment et sur quel point du lit le cordon ombilical aurait pu *être introduit sous la couverture*, à moins qu'on ne suspendît l'enfant à l'un ou à l'autre bord. Combien la vérité est forte contre l'imposture !

Poursuivons. MM. Bougon et Baron, chirurgien et médecin, déclarent qu'ils ont vu *l'enfant placé sur sa mère et non encore détaché d'elle*, ou bien *encore attaché par le cordon ombilical*.

En citant ces deux déclarations univoques, *l'anonyme* pousse la bêtise jusqu'à faire cette question : *Mais comment cet enfant était-il placé ?* Sur sa mère ; butor ! (On peut bien nous passer cette expression d'impatience des *Plaideurs* de Racine.) Il ajoute à cette demande saugrenue la plus sotte de toutes les réflexions, dont il ne comprend pas lui-même la portée :

Ces deux praticiens savent combien il est important de ne pas expliquer plus particulièrement comment l'enfant était placé sur sa mère !!!

Cette fois voilà de la calomnie bien conditionnée contre MM. Bougon et Baron ; si la liberté de la presse va impunément de ce train-là, avant un mois nous tomberons dans la licence la plus effrénée : il n'y aura plus rien de sacré ; que deviendra le respect des personnes et des propriétés, surtout de la réputation, la plus précieuse de toutes. Eh bien ! malgré cette imputation infame, nous voulons répondre encore d'une manière qui ne laissera rien à désirer. L'accouchement a été naturel ; l'enfant est *venu par la tête, abouché* ; quand il a eu passé, on l'a placé à peu près dans la même position et légèrement couché sur le côté, pour laisser la respiration libre, dans le giron de sa mère.

Nous avons observé dans cette misérable rapsodie le mot *remarquer* répété huit fois de suite, sans jamais être suivi d'un seul fait remarquable ; c'est absolument le style et la logique serrée d'un *savoyard* montrant sa lanterne magique. Il faut que *le Courrier français* soit tombé dans un état d'abjection bien infime, pour avoir sali ses colonnes d'une pareille platitude. Prenez-y garde, Messieurs les Journalistes ultra-libéraux, insolents dans vos bureaux, comme on l'est dans ceux du ministère, la liberté de la presse détruira le monopole que vous vous étiez arrogé sur l'opinion. Déja le *Temps*, le *National* et la *Révolution* vous dévorent ; on vous apprendra à remplir comme des cuistres vos colonnes d'annonces à 1 fr. 5o la ligne, pour en frustrer les *petites affiches*. Prédicants d'égalité, tartufes de popularité, libéraux pour vous seuls, ou pour vos coteries moutonières, descendez dans l'arène, venez disputer vos abonnés qui s'en vont, au lieu de citer des protestations écrites dans des *échopes par des écrivains publics*, sous le nom d'un Prince éclairé, assis sur le trône de France, qui avait, il y a dix ans, un conseil composé de l'élite de la magistrature et du barreau, des Henrion de Pensey, des Dupin, et un Casimir Delavigne pour bibliothécaire ; songez que le 2 août votre éditeur était responsable.

Mais abrégeons cette digression, laissons de côté ces anarchiques niaiseries; nous touchons à la preuve la plus irréfragable de ce que nous voulons démontrer pour toujours et sans réplique, même aux ignorants et aux gens de mauvaise foi. Rassemblons les trois déclarations les plus positives et les plus compactes; nous allons voir par des yeux qui ne peuvent être abusés. MM. *Deneux*, accoucheur, 14e témoin; *Baron*, médecin, 15e témoin; *Bougon*, chirurgien, 16e témoin, étaient groupés autour du lit de la Princesse, comme ils le sont dans l'information; leurs trois dépositions séparées sont unanimes. M. Deneux seulement, en sa qualité d'accoucheur de S. A. R., entre dans de plus grands détails; nous n'en retrancherons pas une syllabe.

« A deux heures et demie, dit-il, je fus prévenu
« que S. A. R. ressentait les douleurs de l'enfan-
« tement; je courus sur-le-champ, et sans prendre
« le temps de m'habiller entièrement, à l'appar-
« tement de la princesse; *elle n'avait point eu le*
« *temps d'être changée de lit.* Au moment où
« j'arrivai près d'elle, j'entendis l'enfant crier; je
« reconnus qu'il était du sexe masculin, et qu'il
« n'était point encore détaché de sa mère, *laquelle*
« *n'était point encore délivrée.* Il a été vu dans
« cet état par plusieurs gardes-nationaux et gardes
« de MONSIEUR, et par MM. le duc d'Albuféra,
« Baron et Bougon. D'après le désir de S. A. R.,
« *l'enfant jouissant d'une parfaite santé, la sec-*
« *tion du cordon ombilical n'a eu lieu qu'en pré-*

« *sence de ces différentes personnes* », savoir :
MM. *Dauphinot*, 5ᵉ témoin, *qui éclaira* M. *Deneux, au moment de l'opération; Lainé*, 3ᵉ témoin; *Paigné*, 4ᵉ témoin; *Franque*, 7ᵉ témoin;
d'Hardivilliers, 8ᵉ témoin; de *Nantouillet*, 17ᵉ
témoin; Mᵐᵉˢ de *Gontaut-Biron*, 12ᵉ témoin, *Bourgeois*, 10ᵉ témoin, *Devathaire*, 9ᵉ témoin : en
sorte que quinze personnes de toutes les classes de
la société, entourant le lit de la Princesse, virent
que l'enfant *tenait encore à sa mère*, et assistèrent
à *la section du cordon ombilical*, y compris la
duchesse de Reggio, 13ᵉ témoin, et M. *le duc
d'Albufera*, 1ᵉʳ témoin.

A l'instant où l'enfant venait d'être séparé de sa
mère, qui témoigna à Mᵐᵉ Bourgeois son désir *qu'on
fît entrer le plus de témoins possible*, arrivèrent
encore MM. le *duc de Coigny*, 2ᵉ témoin, *Triozon-Sadony*, 6ᵉ témoin. On avait envoyé de Pau à
la Princesse du vin de Jurançon et une gousse d'ail;
S. A. R. s'en souvint, et demanda qu'on fît boire
à l'enfant de ce vin, et qu'on lui frottât les lèvres
avec la gousse d'ail; ce qui fut exécuté par SA
MAJESTÉ elle-même, qui était survenue dans l'intervalle: fait déclaré par Mᵐᵉ Devathaire, 9ᵉ témoin.
C'est ainsi que la Duchesse était abandonnée de ses
parents et livrée à des étrangers; *l'anonyme* n'a
pas senti que ce léger retard qu'il s'efforce de prendre pour un abandon est une preuve de plus qu'on
ne redoutait l'examen de personne sur la naissance
de l'enfant, quel qu'eût été le sexe qu'il eût reçu
de la nature.

Quoique ce ne fût l'heure du lever de personne, ni à la Cour, ni au Palais-Royal, ni chez les ministres, bientôt après les appartements de la Princesse se remplirent de toute sa famille et de plus de cinquante autres grands dignitaires, qui purent voir l'accouchée, et furent admis à l'honneur de signer l'acte de naissance, notamment toute la maison d'Orléans, qui avait déja signé le procès-verbal d'information : ce qui donne un nombre de plus de soixante et dix personnes présentes à ces deux actes *authentiques*, rédigés par le vénérable chevalier d'Ambray, chancelier de France. M. Pasquier, aujourd'hui son successeur, y assistait, ainsi que MM. Talleyrand-Périgord, Roy, Siméon, Latour-Maubourg et de Sémonville. De tels hommes peuvent-ils être trompés, abusés pendant cinq mois et surtout le dernier jour? Qu'on y ajoute les personnes qui furent admises à complimenter la Princesse sur son heureuse délivrance, et qui ne purent se méprendre sur les effets connus d'une couche et de ses suites jusqu'à son rétablissement.

L'*anonyme* aurait au moins dû préférer une *substitution* à une *supposition* d'enfant et de grossesse; il eût soutenu que la Princesse avait fait une fille; mais que faire ensuite de cette fille? Que la vérité est embarrassante et difficile à détruire, surtout quand elle est appuyée par ce qu'il y a de plus authentique, de plus auguste et de plus sacré dans le monde !

Que l'*anonyme* se présente maintenant avec *sa*

prétendue mère , ses preuves et ses témoins , qu'il dévoile *l'intrigue , la machination et les auteurs de la scène fantastique !* je me charge de le convaincre d'imposture, quel qu'il soit, par les mêmes moyens légaux , devant toutes les chambres de l'univers.

Dussé-je en triomphant dresser mon échafaud !

S'il s'agissait de la légitimité d'un enfant né sous le chaume, il lui suffirait de prouver sa possession d'état, de représenter son acte de naissance et l'acte de mariage de son père et de sa mère, qui n'est point absolument exigible, parce qu'il peut lui être étranger; mais il s'agit d'un jeune Prince exilé de sa patrie pour une faute dont il est innocent, qui va porter dans les cours étrangères une couronne d'épines, au lieu du diadême de ses aïeux; il lui faut une réparation aussi éclatante que son rang : il est le petit-neveu du Roi et de la Reine des Français, qui n'hésiteront pas à prendre sa défense et à protéger sa jeune infortune, pour fermer à jamais la bouche aux lâches calomniateurs qui l'outragent impunément.

On n'a pas plus ménagé la mère que le fils. *L'anonyme* dit « qu'il signalera les auteurs de « la machination dont cette *très faible* Princesse « a été l'instrument ». Le libelliste en sous-ordre ajoute : « Et si nous ne jugeons pas encore le « *moment venu* d'exposer au grand jour cette ini-« quité tout entière, c'est par *une involontaire*

« *commisération* pour l'infortune , encore *res-*
« *pectable*, toute méritée qu'elle soit. » fidèle à
son système de calomnier sans danger, il termine
ainsi : « Avec Charles X fuit la jeune Princesse
« qui , seule de sa famille , sut se concilier *quel-*
« *que part de l'affection du peuple.* Tardons
« jusqu'à son départ pour publier sa honte.... sa
« honte ! car ce qui est un *crime* dans la classe
« privée, ne saurait être seulement une *faiblesse*
« à la cour. »

Quel tissu d'horreurs ! On oserait sous Louis-
Philippe 1er, transformer en instrument d'un *crime*
la duchesse de Berry, sa propre nièce, fille du
souverain dont il épousa la sœur! on accuserait
de *faiblesse* cette auguste infortunée, modèle
d'héroïsme dans le plus grand de ses malheurs !
celle qui fut inondée du sang de ce qu'elle avait
de plus cher au monde; qui put contempler, sans
expirer de douleur, l'agonie de son époux égorgé
à ses côtés; qui, par le plus sublime de tous les
efforts humains, sépara le moral du physique, afin
de conserver la vie de l'enfant qu'elle portait dans
son sein; qui, imposant silence aux plus déchirants
souvenirs, fut comme auparavant un ange de bonté,
de bienfaisance et de vertu; qui sut se concilier
l'affection de tous les partis, en encourageant
nos arts, en se mêlant à nos jeux, à nos applaudis-
semens, en visitant nos musées, sans faste, sans
suite , conversant avec ceux qui l'entouraient,
comme une Parisienne de la Chaussée-d'Antin ;

par le plus affectueux abandon ! celle que nous avons vue à Lyon, courir plutôt le risque d'être *étouffée* par la foule, que de permettre la moindre précaution pour protéger sa personne ! celle qui a constamment improuvé les actes du ministère déplorable et de celui dont elle est la plus intéressante victime, ainsi que les deux innocents qui lui doivent le jour !

Console-toi, mère éplorée, tous les Français ne sont pas de vils calomniateurs comme les deux misérables anonymes que je viens de livrer au mépris public. Le peuple le plus brave, le plus franc, le plus généreux de l'univers ne saurait être complice d'aussi lâches attentats : sépare ta cause; éloigne-toi de ceux qui s'obstineraient à méconnaître les besoins du siècle et une révolution accomplie dans les esprits comme dans les empires. Peut-être un jour, qui n'est pas loin, l'illustre chantre des *Martyrs* et de toutes les grandes infortunes ira sous le beau climat de Naples communiquer à ton fils les étincelles de son génie : ce nouveau Mentor, ainsi que son royal disciple, deviendra l'objet de l'admiration des deux mondes. C'est au pied du Vésuve que finira de consumer son enveloppe mortelle cette ame brûlante d'amour pour ses Rois, jusqu'à ce qu'elle s'élance vers le ciel comme la flamme du volcan.....!!!

Croit-on faire respecter la royauté du jour, en laissant avilir et traîner sur la claie la royauté de la veille ? Pouvons-nous passer sous silence ces

dégoûtantes caricatures, sales produits de la dévorante cupidité qui exploite notre nouvelle époque?
Le mépris des étrangers, dont elles blessent les
regards, en a déja fait justice; elles sont l'igno-
ble pendant de cette guerre aux places, partie
honteuse de notre régénération politique. Après
la victoire, ces hommes avides, trop lâches pour
combattre, se sont abattus sur Paris, comme des
nuées d'oiseaux de proie s'abattent sur les cada-
vres couchés dans les champs de bataille; ou,
comme ces bandes de loups affamés, qui suivent
de loin les armées, en attendant qu'on leur pré-
pare la curée.

Les emplois publics seront-ils le prix d'une telle
immoralité! nous nous étonnons qu'il ne soit encore
venu à aucun des nouveaux ministres la pensée de
déclarer officiellement qu'on n'admettrait aucun sol-
liciteur dans les antichambres, qu'on n'accueille-
rait que les demandes formées par écrit, et que
l'on ne nommerait aux places que les candidats
demeurés dans leurs foyers. On eût ainsi, en
épargnant un temps précieux, évité beaucoup
d'importunités superflues. Peut-être le résultat est-
il le même; mais, par cette manière d'agir, on
n'aurait pas fait plus de 119,000 mécontents, sur
120,000 demandeurs, qui ne voient dans une révolution qu'un moyen de parvenir, comme si
elle eût été faite uniquement par eux et pour
eux. Que les ministres se rassurent; d'aussi abjects
adversaires ne sont pas dangereux : ils rentreront

chez eux avec la rage dans le cœur, mais elle sera éternellement impuissante ; tout le monde connaîtra le motif honteux de leur ressentiment. Est-ce donc pour de pareils vampires que le peuple de Paris à prodigué son sang ?

Le nouveau Monarque des Français, en devenant Lieutenant-général du Royaume, a bien mérité de la patrie ; il n'a détrôné, comme cet homme qui remplit l'univers de son nom, que l'anarchie et la guerre civile : ces deux calamités, suivies de la guerre extérieure, inévitable résultat d'une révolution juste et légale provoquée par le ministère de la *camarilla*, en bouleversant la France jusque dans ses derniers fondements ; l'auraient peut-être engloutie pour toujours.

Les deux chambres ont déclaré le trône vacant, et ont offert la couronne à ce Prince du sang ; il l'a placée sur sa tête, il règne. Il n'a pas oublié dans ces graves circonstances la lettre que lui adressa madame de Genlis, *de Silk*, *pays de Holstein*, *le 8 mars* 1796 ; nous n'en devons rien citer, quoique nous l'ayons sous les yeux : les temps sont tout-à-fait changés. A Dieu ne plaise que nous cherchions jamais à troubler le pays ! non seulement *nous faisons des vœux pour sa prospérité, mais nous désirons qu'il soit heureux de la manière dont il veut l'être.* Le prince n'a pas oublié qu'il quitta la France en 1793, afin d'éviter la mort qu'un tyran sanguinaire lui prépa-

rait, en récompense d'avoir si vaillamment combattu pour la patrie à Jemmapes et à Nervinde,
et qu'il erra long-temps persécuté dans les déserts
de la Finlande et de l'Amérique. Il n'a point
oublié non plus les touchantes infortunes de sa
sœur et de ses frères.... ni cet ordre qu'on li-
sait sur des poteaux en Allemagne : « Il est dé-
« fendu à tous mendiants, vagabonds et *émigrés*
« de s'arrêter ici plus de vingt-quatre heures ! » *

Il connut le malheur, il sait y compatir.

Il ne souffrira plus qu'on emprunte son nom,
pour commettre un forfait à l'honneur. Le prémier
acte de sévérité de son règne légal sera la juste
répression de cette infame jonglerie de journalistes, afin d'opposer une digue à ce torrent de
démoralisation. Si nous n'en avions eu la conviction intime, et si les circonstances avaient été moins
orageuses, nous aurions déja porté notre réclamation devant les chambres assemblées ; mais nous
avons craint d'exciter encore les passions, qui n'en
ont pas besoin ; nous avons au contraire tardé de
publier cet écrit, et nous ne nous y serions pas
même encore décidé, si nous n'eussions été ré-
volté de l'odieuse persistance des coupables. Puisqu'on ne doit plus dire : *Si le Roi le savait !*
il le saura, il lira, dussions-nous demander une
audience que nous sommes sûr d'obtenir,

* Les Quatre Stuart, par M. de Châteaubriand, p. 276.

LE

DUC DE REICHSSTADT.

✳

Le prince François-Joseph-Charles-Napoléon est né à Paris, le 20 mars 1811; par décret de son père il fut fait *Roi de Rome*; par décret de S. M. l'empereur d'Autriche, son aïeul, du 22 juillet 1818, il fut nommé Duc de Reichsstadt; ce duché est situé en Bohême. M. de Châteaubriand, dans son discours sur la liberté de la presse, l'a appelé *le Jeune homme*; c'était ainsi qu'on désignait Charles II, pendant l'usurpation d'Olivier Cromwel. M. Méry en a fait *le Fils de l'homme*, ce qui est à peu près la même chose que le Napoléon II de l'interrègne.

Le 17 février 1815, un peu avant le retour de Bonaparte de l'île d'Elbe, Marie-Louise, impératrice, archiduchesse et duchesse de Parme, adressa au congrès de Vienne une protestation en faveur de son fils, contre *l'usurpation* du trône de France par la dynastie des Bourbons, originairement écrite en français, traduite en anglais et en allemand, déposée aux archives de Francfort-sur-le-Mein.

Cette pièce fut inscrite au protocole des actes du congrès ; les ministres de France étant contre cette décision, s'abstinrent de la signature. Elle a été imprimée dans le Journal constitutionnel, commercial et littéraire de la province d'Anvers, du 22 août 1817, n° 222. Après y avoir exposé que le gouvernement consulaire avait été reconnu par toute l'Europe, et que, Napoléon une fois sacré par le Pape, *il ne manquait rien à la légitimité de sa couronne qu'il avait reçue de Dieu et de la Nation ; qu'il était empereur de droit divin et national ;* on ajoute : « Qui eût alors soupçonné que les « princes de la maison de Bourbon conserveraient « des droits de souveraineté sur la France ? *Ce qui* « *est tombé peut-il donc encore se relever ?.* »

On trouve la solution de cette question dans la question même : ce qui est tombé ne peut se relever, puisque quatre mois plus tard les puissances renversèrent une seconde fois Bonaparte monté sur le trône au mépris de son abdication pure et simple, et rétablirent encore les Bourbons. D'ailleurs son fils n'est plus français, mais bien prince autrichien, élève d'un gouverneur choisi par M. de Metternich, propriétaire d'un régiment de l'armée autrichienne. Il reviendrait habiter parmi nous, que sa présence ne serait pas plus dangereuse que celle d'un simple citoyen. Jamais la France ne consentira à devenir une province autrichienne ; nous connaissons trop bien le joug de plomb que cette puissance fait peser sur ses possessions d'Italie : le dernier écu des contribuables est expédié dans des fourgons pour Vienne, d'où l'on rapporte en échange tout ce qui est nécessaire à l'entretien de l'armée d'occupation, et jusques aux plus petits objets d'équipement militaire.

La politique européenne s'y oppose encore avec plus de force; car si l'Autriche faisait la moindre démonstration d'envahir la France dans cette intention, elle serait de suite écrasée par la Russie et par la Prusse, qui en est devenue l'avant-garde et forcée de revenir en toute hâte défendre ses propres états. Que les provinces limitrophes réunies à la France depuis plus d'un siècle et demi perdent ce chimérique espoir, si elles le conservent encore. Quel est le Français qui voudrait échanger le gouvernement représentatif de la Charte, même tel qu'il était sous les ministères Villèle et Polignac, contre les oubliettes du conseil aulique d'Autriche, avec toutes les douceurs de la *schlagen?* Ce serait alors que commencerait une guerre d'extermination, jusqu'à ce que le tombeau du dernier opprimé fût placé à côté de celui du dernier oppresseur!

Napoléon II n'est plus pour la France qu'un être de raison, à jamais classé dans la catégorie des impossibles; il n'y faut plus songer, à moins qu'on ne soit pensionnaire présent ou futur des petites-maisons; à ces gens-là tout est permis, sous le bon plaisir de leurs gardiens et de leurs tuteurs.

Le duc de Reichsstadt n'a de commun avec le duc de Bordeaux, ainsi qu'avec le prince de Galles,

fils de Jacques II , né en 1688 *, que les calom-
nies répandues contre la légitimité de sa naissance.
On n'a contesté ni la grossesse , ni l'accouchement
laborieux de sa mère. La tactique des salons du
faubourg Saint-Germain fut infiniment plus adroite
que celle de nos deux grossiers *anonymes*. Tout le
monde savait que l'enfant , presque étouffé au pas-
sage , était resté quelques minutes sans donner signe
de vie ; l'on en concluait qu'il étoit mort-né , et
qu'on en avait substitué un autre plein de vigueur
et de santé : ce qui aurait pu s'exécuter sans la
moindre coopération de l'impératrice. On voit que
ces inventions de l'esprit de parti ne sont point nouvelles , que nos pauvres adversaires n'en ont pas le
mérite , et qu'ils n'ont enchéri sur ces précédents
que par l'absurdité de leur système digne en tout
point de ses auteurs.

Tout ce qui rappelle le despotisme de Napoléon
répugne aujourd'hui aux hommes qui ont su com-

---

* Ce n'était pas la première fois que *la même calomnie*
avait été répandue. En 1682, la reine, alors duchesse d'York,
étant enceinte, on avait semé le bruit que la nation était
menacée d'une imposture ; mais heureusement la naissance
d'une fille épargna au parti l'embarras de soutenir une
fiction si peu probable.

On trouve ce fait dans une feuille périodique intitulée
l'Observateur, qui se publiait dans le même temps. Voyez
celle du 23 août 1682. Le zèle de parti est capable de faire
admettre tout ce qu'il y a de plus incroyable ; mais il est
extrêmement singulier que *la même calomnie* une fois détruite ait pu se renouveler avec tant de succès.

(Histoire d'Angleterre, par David Hume, tome 10, page 331.)

prendre la Monarchie constitutionnelle ; la France ne revendique de son règne que la gloire de ses enfants qui lui appartient. Qu'on y prenne garde, elle pourrait la renouveler encore aux dépens des puissances qui lui contesteraient son indépendance.

On a fait mille contes absurdes sur le duc de Reichsstadt ; on a parlé de son *effrayant génie ;* M. Méry dans *le Fils de l'Homme*, le plus médiocre de ses ouvrages, qui ne valait ni un procès, ni un voyage à Vienne, où il n'a rien vu de ce qu'il désirait voir, reproduit la calomnie du *Cancer politique*. Lorsque Marie-Louise renia le nom et la gloire de Napoléon pour le nom et les exploits inaperçus d'un simple général autrichien, on suppose qu'elle proposa à son fils de le présenter à son beau-père ; on lui prête dans cette circonstance une réponse pleine de sens et de fierté : « Madame, le fils « de Napoléon ne reconnaît point de beau-père ! » Le poète du *Fils de l'Homme* lui fait dire au contraire : « Que veulent-ils de moi ? croient-ils que « j'aie la tête et les talents de mon père ? » Quand il aurait tout cela, il lui faudrait encore un million de soldats, ou l'assentiment général de l'Europe et de la France. On est allé jusqu'à répandre le bruit d'une tentative d'assassinat sur la personne de ce prince par le fameux Vidocq, qui n'avait pas quitté Paris, et se retirait paisiblement à Saint-Mandé avec 20,000 livres de rente, pour publier six volumes de ses mémoires, dont il n'est pas même en état de composer la préface. Voilà comment on se joue de la crédulité populaire, pour agiter les masses et leur imprimer la plus fausse direction.

La calomnie n'admet point de prescription : comment veut-on qu'elle respecte les dix ans de légitimité du duc de Bordeaux, et les dix-neuf ans de possession d'état du duc de Reichsstadt ; tandis que certains journaux ont annoncé, vaguement à la vérité, après quatre ans de sourdes rumeurs, une prétendue réclamation dirigée contre la légitimité de la naissance d'un éminent personnage , par une dame anglaise née en Italie depuis cinquante-sept ans seulement, qui se plaignait de la substitution d'un enfant mâle commise à son préjudice. Tout homme d'honneur se doit à la défense de la vérité contre l'imposture , parce qu'il est toujours exposé à de semblables attentats, dont il ne se rendra jamais coupable. Les feuilles que nous désignons pourraient sans mentir *substituer* à leur titre celui de la comédie de Shéridan : *l'École du Scandale*. C'est avec ce levain qu'on fait éclore les révolutions, qui se ressentent le plus souvent de la corruption de leur origine.

LA

FRANCE NOUVELLE.

La France nouvelle n'est plus la France de l'ancien régime, de la république, ni de l'empire ; nous ne datons aujourd'hui que de l'ère commencée par la charte de Louis XVIII : octroyée ou non, elle fut un bienfait immense, et l'œuvre d'un bon roi qui avait profondément étudié les besoins de son siècle et de son peuple. Il reste encore beaucoup de stationnaires, ou partisans du passé ; laissons-en diminuer le nombre par la conviction, par la force des choses et par notre modération dans la victoire : sous un gouvernement représentatif les opinions sont libres, les actions seules sont punissables. Imitons dans nos discussions les plus animées la noble franchise d'un avocat célèbre écrivant à son client qui le consultait en 1827 sur les futures destinées de la France : « Monsieur le Marquis, les idées

« nouvelles triompheront, parce que nos enfants
« pensent comme nous, et que les vôtres pensent
« comme les nôtres. Nous enverrons des roturiers
« à notre chambre des communes, parce que s'ils
« y font leurs affaires, ils feront en même temps les
« nôtres ; tandis que nous vous croyons disposés
« à négliger absolument et à contrecarrer même
« celles de vos commettants, s'il en est d'assez
« aveugles pour vous accorder leurs suffrages. »

Il était donné à M. de Villèle, pâle copie de Robert Walpole, d'introduire l'aristocratie dans la chambre des communes, au moyen des élections faussées en 1824, et de forcer la chambre haute à défendre nos libertés publiques. Par cette anomalie étrange, il croyait affaiblir la Charte et consolider le trône. Quel fut le résultat d'un si vaste dessein ? il consolida ce qu'il voulait ébranler, il ébranla ce qu'il voulait consolider.

Un attentat inoui dans les fastes des nations a été commis : sept ministres prévaricateurs ont fait sabrer et mitrailler la loi fondamentale, après l'avoir solennellement violée dans les ordonnances du 25 juillet. Ils ont été vaincus ; on a profité de la victoire. Nous marchons à pas de géant dans la carrière constitutionnelle : en quinze jours, on a fait plus de réformes que les meilleurs esprits n'en avaient indiqué en quinze années. Nous ne devons pas pour cela manquer de reconnaissance envers ceux qui ont préparé ce qu'on vient d'exécuter.

La seule digue à opposer aux séductions du pou-

voir, aux envahissements de la corruption, aux
défections de la cupidité, était sans contredit de
soumettre à la réélection les députés qui acceptent
des fonctions salariées : nous avons trouvé cette
obligation parlementaire en pleine activité chez nos
voisins ; MM. de Jankowitz, Boucher et Félix de
Conny, l'ont trois fois inutilement proposée. Le
double vote qui trouva de si éloquents adversaires,
et ne passa qu'à la plus faible de toutes les majo-
rités, est aboli. Le bill septennal, importé de l'Angleterre par un illustre ambassadeur, a été légèrement modifié par la *quinquénalité* ; l'idée d'abaisser
l'âge des électeurs de 30 à 25 ans, et celui des éli-
gibles de 40 à 30, reconnaît la même origine. Les
séances de la chambre des Pairs sont devenues publiques ; la chambre des communes se constitue,
sans l'intervention des ministres. On va proposer
une loi sur la responsabilité de tous les agents du
pouvoir, si long-temps et si inutilement sollicitée.
La censure est à jamais détruite ; les ministres
d'état sont supprimés ; on nous expliquera l'ar-
ticle 14 de la Charte, il cessera d'être un épouvan-
tail ; on ne nous menacera plus de planter ce drapeau de l'absolutisme sur ses autres dispositions
renversées ; on refera la loi du sacrilége ; enfin, on
maintiendra tout ce qui doit être conservé, on re-
jettera tout ce qui pourrait entraver la marche de
nos institutions.

Très bien ! Législateurs d'un grand peuple,
vous deviez ces concessions à l'héroïsme et à la

modération des vainqueurs ; portez maintenant l'éclectisme politique dans toutes les branches de l'administration, en ne perdant toutefois jamais de vue ces deux axiômes du fondateur de nos libertés : *A côté de l'idée d'améliorer, se trouve le danger d'innover. La patience est aussi une puissance.* Vous arriverez ainsi à la perfection, et le bien que vous aurez fait résistera aux vicissitudes des empires. Si, au contraire, vous dépassez le but, l'édifice social s'écroulera comme une autre tour de Babel, et vous écrasera dans sa chute.

Le budget doit être le point de mire de toutes les méditations. J'ai entendu et lu de fort belles déclamations contre l'énormité des dépenses, qui ne peut se balancer que par des recettes équivalentes ; mais je n'ai pas vu un seul député pousser la longanimité et l'amour du pays jusqu'à refaire un autre budget avec les économies en masse : ce travail long et difficile n'a encore tenté personne. Depuis 1815, on n'a fait à la tribune que de l'esprit de parti et de coterie. Serait-on toujours arrêté par l'espérance de puiser à son tour dans le trésor public ?

Il est à regretter que M. Cormenin, jugé digne des injures de *la Gazette*, savant maître des requêtes, flambeau du conseil d'état, député estimable sous tous les rapports, surtout par sa proposition d'interdire aux fonctionnaires de cumuler plusieurs emplois et plusieurs traitements, ait cessé de faire partie de la chambre par des scrupules que

tout le monde doit respecter : il aurait solennellement renouvelé cette honorable réclamation qui n'a
point encore trouvé d'écho parmi les auteurs de tant
de propositions de lois beaucoup moins opportunes.
Cette fois peut-être, la France n'aurait pas vu
comme l'année dernière, au grand scandale de tous
les électeurs, ses mandataires, après une épreuve
ostensible par assis et levé, déclarée *douteuse* (ce
qui veut dire sans majorité bien évidente), procéder
à un scrutin secret, et appuyer de 66 voix un abus
aussi révoltant ! où étaient donc les 221 et plus de
60 membres qui s'étaient levés pour la proposition
contre leur intérêt ou leur conviction, par une sorte
de pudeur ? On ne peut le dire ; mais il est certain
que dans l'intervalle d'une épreuve à l'autre, personne n'a abandonné son poste, que pour aller dé-
poser dans l'urne sa boule noire ou blanche. La
chambre attendra-t-elle d'être complète, ou que
M. Cormenin y soit rentré, pour réparer cette omis-
sion parlementaire ?

On a décidé qu'il y aurait autant de projets de
loi de finance qu'il y a de ministères : à merveille !
le travail est ainsi divisé, et ce qu'on n'a pas osé
entreprendre en masse, on le fera peut-être en dé-
tail. On a dit bien des fois qu'on employait à con-
struire des couvents les fonds alloués pour des
casernes, et qu'au lieu de fusils on achetait des
cierges ; il faut croire qu'un pareil abus disparaîtra
pour jamais devant une loi claire et précise sur *la
spécialité des dépenses*, afin que chaque contri-

buable puisse suivre un écu sorti de sa bourse jusqu'à sa véritable destination, et qu'on ne se joue plus ainsi de la foi publique. La probité doit être la première vertu des hommes d'état; mais combien les vertus si préconisées en théorie sont rares et difficiles dans la pratique. Comment trouver le désintéressement et l'ambition réunis dans le même individu?

Qu'on mette à la retraite tous les receveurs généraux; ils sont assez riches; les receveurs d'arrondissement suffiront à la perception des deniers publics. Eh quoi! la levée des taxes en Angleterre ne coûte que 8 pour 100, et chez nous on la paie 17 pour 100! une économie de 80,000,000 par an sur cet objet seulement ne vaudrait-elle pas la peine d'envoyer étudier *officiellement* cette partie de l'administration anglaise par un député versé dans les finances, à l'effet d'adopter la même marche? Que les traitements excédant 10,000 francs soient réduits à cette somme; on trouvera toujours des préfets, on trouve bien des maires sans aucune rétribution. N'est-ce pas assez d'ailleurs pour de minces avocats transformés tout-à-coup en procureurs généraux, parce qu'ils avaient peine à vivre du fruit de leur pauvre éloquence? Il nous faut un gouvernement à bon marché, sous la meilleure des monarchies possibles, afin de ne plus penser à la république. On a déja renvoyé cette nuée de courtisans qui sucent le sang des peuples et dévorent la moelle des rois. Des journaux ont assuré que M. Lafitte jouissant d'un million de revenu, refusait les cent mille francs alloués annuellement au président de la Chambre; s'il a réellement fait ce sacrifice sur l'autel de la patrie, on ne pourra plus dire qu'il a *escompté le fauteuil*, et que cette nomination fut *une affaire de banque.*

Passons à la proposition de M. de Tracy sur l'abolition de la peine de mort : Ce *Las-Cazas* des assassins, des incendiaires, des faux-monnayeurs, des traîtres à la patrie, est le même philanthrope qui ne vit dans l'héroïsme de Bisson qu'*un honorable suicide*. Nous avons consulté sur cette inexorable sentence les casuistes les plus profonds et les plus timorés ; tous nous ont répondu que l'amour de la patrie avait ses martyrs comme l'amour de Dieu, et qu'ils n'hésiteraient point d'absoudre Bisson et d'inhumer ses restes en terre sainte. Où en serions-nous si M. de Tracy était prêtre, puisque libéral et simple laïc, il se montre si intolérant pour les écarts d'un patriotisme trop ardent? Nous ne pensons pas qu'il tombe lui-même dans un excès aussi condamnable; il a une trop grande horreur pour la mort, et sa tête législative paraît si bien organisée qu'il n'aura jamais sur la conscience un suicide de cette nature.

Arrêtons-nous là. Comment l'entendez-vous, Monsieur de Tracy ? voulez-vous l'abolition absolue ou relative de la peine de mort ? faudra-t-il livrer la société sans défense aux attentats de cette espèce d'aliénés à protubérances qu'on ne peut guérir ra-

dicalement que par le mécanisme du célèbre docteur Guillotin, de la manie d'assassiner, d'incen-
dier et de livrer leur pays à l'ennemi ou à la guerre
civile ; ou bien ne plaidez-vous que la cause des
faux-monnayeurs, afin qu'ils ne soient punis que
des travaux forcés, comme les infanticides ? Dans
ce dernier cas, nous sommes de votre avis ; dans le
premier, nous vous répondons que la peine de mort
est écrite depuis le commencement du monde dans
la législation universelle, par l'assassin, par l'em-
poisonneur, par le voleur à main armée, par l'in-
cendiaire, par le traître à la patrie avec le sang de
ses victimes. Nous sommes déja surchargés de for-
çats libérés ; la société ne sait comment se garantir
de leurs entreprises ; faudra-t-il y joindre un ren-
fort d'assassins, d'incendiaires, de conspirateurs et
de traîtres ? Quand cessera-t-on de nous apitoyer sur
le sort de ces grands coupables, sans jamais s'oc-
cuper des angoisses de leurs victimes ? Réservons
ces utopies sentimentales pour la république de
Platon ; mais un grand empire de 53,000,000 d'ha-
bitants ne peut se gouverner avec ces bénignes théo-
ries ! Quand la chambre des Députés sera complète
et s'occupera de la proposition de M. de Tracy,
qui nous semble moins urgente qu'une infinité de
matières, nous présenterons aussi nos idées dans
une pétition rendue publique.

Une question domine toutes les autres ; c'est la
reconnaissance par l'Europe entière du nouveau gouvernement que la France s'est donné. L'Angleterre,

le Vurtemberg et les Pays-Bas se sont déja prononcés; le roi de Sardaigne a laissé arborer le drapeau tricolore à l'hôtel de notre ambassadeur; l'Espagne reçoit nos vaisseaux sous le même pavillon. On fait dire à l'empereur d'Autriche : « Je « méprise les ministres qui ont renversé Charles X « du trône par une infraction à la Charte qu'il avait « solennellement jurée. Le premier devoir d'un « honnête homme, et surtout d'un souverain, est « d'être fidèle à sa parole. Je plains le duc de « Bordeaux, parce qu'il est innocent ; *mais je ne* « *me mêlerai en aucun cas de ses affaires.* » Qu'en pensent M. de Metternich et le conseil aulique, la Prusse et la Russie ? Voilà ce qu'il nous importe de savoir le plus tôt possible, parce qu'en attendant, la France se croise les bras et demeure spectatrice impassible et désœuvrée des révolutions qui s'accomplissent ou se préparent autour d'elle. Ce funeste provisoire agite plus les esprits qu'une guerre ouverte. Que le gouvernement s'explique, on saura à quoi s'en tenir ; on lui tiendra compte de sa franchise qui doit aujourd'hui pénétrer jusque dans notre diplomatie.

Si vous voulez conserver la paix, préparez-vous à la guerre. Où sont les précautions prescrites par cet axiôme de tous les siècles ? Quel est maintenant l'effectif de notre armée, moins les soldats de l'expédition d'Alger, moins trente à quarante mille hommes de la garde, des gendarmes, des Suisses, des gardes du corps licenciés ? Une prompte levée de 80,000 hommes semblerait très favorable au maintien de l'ordre et de la tranquillité au dedans comme au dehors; elle compléterait nos régiments d'état-major, et forcerait des bras hostiles à devenir protecteurs. La garde nationale à la vérité peut suffire pour le service intérieur, si nous n'avons rien de plus à faire, mais une armée active, c'est autre chose; on ne l'improvisera plus avec la *Marseillaise* de Rouget de l'Ile. Le temps est passé où l'on faisait les riches pauvres et les pauvres riches par la vente des biens nationaux, où l'on battait monnaie sur la place de la Révolution, où l'on forçait tous les honnêtes gens d'aller affronter le canon de l'ennemi, pour dérober leur tête à l'échafaud. Sommes-nous prêts à résister à une agression étrangère, si elle avait lieu? Que deviendra la souveraineté de la force, si elle est attaquée et ne peut se défendre?

Que fait-on d'Alger? plus de dépêches télégraphiques! notre armée est-elle définitivement commandée par le général Bourmont ou par le général Clausel? Fait-on sauter les fortifications d'Oran et de Bone, parce que la place n'est plus tenable, faute d'y envoyer des renforts? N'a-t-on voulu que venger un consul, se rembourser des frais de la guerre, puis revenir et abandonner la conquête aux Anglais? cette expédition aura-t-elle, par l'imprévoyance qui nous distingue, le sort de celles d'Egypte et de Morée? Quarante siècles nous ont contemplés du haut des pyramides quittant la plage

africaine sur des vaisseaux anglais qui nous ramenè-
rent 5,ooo hommes de 35,ooo ; donnerons-nous à
la *Casauba* le même spectacle qu'aux pyramides ?
Les 25o,ooo,ooo de francs sont-ils au moins ren-
trés au trésor ? Qu'une expédition lointaine cadre
mal avec une révolution intérieure ! Voilà bien des
questions auxquelles il serait aisé de répondre avec
cette sincérité qui doit caractériser une régénération politique.

Laisserons-nous sans réponse un reproche inju-
rieux adressé aux royalistes ? On leur demande,
toujours dans ces ignobles caricatures que nous
avons flétries, où ils étaient le 29 juillet. Vils calomniateurs à gage ! l'immense majorité de ce parti
n'avait-elle pas généreusement renoncé à toutes les
faveurs du pouvoir, en protestant aux élections, à
la Chambre, dans le *Journal des Débats* contre le
ministère Villèle, contre l'avénement du ministère
Polignac et contre l'illégalité de leurs actes ? Ont-ils
eu de plus redoutables ennemis, ces hommes qui
voulaient nous ramener le régime des bastilles, des
cours prévotales et du bon plaisir, exploité par eux
seuls et quelques méprisables affidés ? N'est-ce pas
M. Bertin l'aîné, rédacteur en 1815 du *Moniteur
de Gand*, qui fut en 1829 la première victime de
l'inepte dictateur que la *Camarilla* avait jeté au
timon de l'état ? M. de Châteaubriand, à la même
époque, ne sacrifia-t-il pas une ambassade à sa
loyauté, comme il avait sacrifié un ministère sous
Villèle ? Les Bayart du royalisme, devenus aussi

les Washington de la liberté, pouvaient-ils être les auxiliaires d'une milice prétorienne abusée par des chefs absolutistes, et soutenir une infraction à la charte si solennellement jurée, commise par les fatales ordonnances dont ils maudissaient les auteurs? Plusieurs, au contraire, indignés de ce forfait à l'honneur et à la foi des serments, ont combattu avec la nation outragée contre la tyrannie de quelques brouillons en démence qui s'étaient embusqués entre deux sessions, pour mettre la main sur un budget qu'ils n'eussent jamais fait voter, et qui prirent, si heureusement pour la France, un coup de tête pour un coup d'état. Leurs agents subalternes en réalité ou en espérance, dignes d'appartenir à de pareils maîtres, se réjouissaient de nos alarmes, et croyaient invincibles quelques milliers de baïonnettes et de gendarmes : dans leur jubilation impie ils n'attendaient que la fin du combat pour se partager les fruits de la victoire.

On a dit des solliciteurs du jour : *Le peuple a vaincu, ces messieurs partagent !* on eût dit alors : *La garde et les Suisses ont versé leur sang et le nôtre pour livrer à ces messieurs la France pieds et poings liés.* Qu'on se désabuse ; malheur à ces imprudents vainqueurs de leurs concitoyens, si la chance eût ainsi tourné. Des listes de proscription auraient été dressées par les fils et les amis des proscrits ; et la révolution eût bientôt reparu avec son cortége sanglant et dévastateur de 93 ; l'Europe alarmée serait venue terminer cette épouvantable lutte , en se partageant nos provinces. Tel était pourtant l'infaillible résultat des vœux d'une poignée de Français en délire , inhabiles à combattre et à gouverner , s'obstinant à méconnaître l'opinion de 52,000,000 de leurs compatriotes , pour ressusciter des idées vermoulues tombées de vétusté dans le passé , comme la machine de Marly et les ruines du moyen âge...!!!

Sont-ils plus sages ceux qui voulaient nous préparer le sort de la Pologne par le *royaume électif* ou par la *république fédérative ?* Ces monomanes stationnaires , moins dangereux aujourd'hui que leurs adversaires absolutistes, ont vainement lutté depuis quarante années contre l'expérience des siècles et des empires. Le royaume de Pologne jusqu'à sa chute , de même que la république helvétique, fut un fait isolé en Europe. Les fiers descendants de Guillaume Tell ne sont plus aujourd'hui que les très humbles serviteurs des souverains qui veulent bien les prendre à leurs gages. Ces populeux cantons , dépendant par le fait de toutes les puissances qui les entourent , conservent encore une apparence de neutralité , comme point de contact et de pélerinage , parce que nulle ambition n'est tentée de conquérir des glaciers et des montagnes. Mais la France , le plus beau et le plus riche bassin de l'univers , naturellement limitée par la mer , le Rhin , les Alpes et les Pyrénées , ne reconnaît point de gouvernement possible qu'*une Monarchie de raison et de consentement* , fondée sur la Charte et la légitimité héréditaire.

Le courage civil est beaucoup plus rare de nos jours que le courage militaire , parce que l'excès de la civilisation enfante l'excès de l'égoïsme qui démoralise tout , et n'admet d'autre boussole que les intérêts matériels ; mais l'honneur aussi révéré qu'autrefois , n'a pas encore perdu sa puissance magique sur les ames élevées. Nous sommes convaincus que les magistrats qui demeureront à leur poste ou se retireront , ne seront influencés ni par les attaques de MM. Mauguin et Eusèbe de Salverte , ni par l'éloquente défense de leur inamovibilité par M. Dupin. Les uns voudront encore servir fidèlement leur patrie ; les autres emporteront dans la retraite l'estime des honnêtes gens, parce qu'ils auront sacrifié une place à leur loyauté, comme les Châteaubriand, les Cormenin , les Hyde-de-Neuville. Ces nobles exemples d'un religieux désintéressement consoleront la France de l'avidité stupide d'un ramas de solliciteurs , et du trafic honteux des serments , poussé si loin depuis la révolution , qu'il semblait que le souverain dût cesser d'en exiger un de fidélité à sa personne , mais seulement aux lois du pays et aux devoirs qu'elles imposent.

PIÈCES JUSTIFICATIVES.

MONITEUR UNIVERSEL, N° 274. (Samedi, 3o septemb. 182o).
PARTIE OFFICIELLE. (Paris, le 29 septembre).

EXTRAIT DES REGISTRES DE L'ÉTAT CIVIL
DE LA MAISON ROYALE.

L'an de grace mil huit cent vingt, le vingt-neuvième jour du mois de septembre, à trois heures et demie du matin.

Nous Charles–Henri Dambray, chevalier, chancelier de France, président de la Chambre des Pairs, chancelier et commandeur des ordres du Roi, remplissant, aux termes de l'ordonnance de Sa Majesté du 25 mars 1816, les fonctions d'officier de l'état civil de la maison royale; accompagné de Charles-Louis Huguet, marquis de Semonville, pair de France, grand-référendaire de la Chambre des Pairs, grand-officier de l'ordre royal de la légion d'honneur, et de Louis-François Cauchy, garde des archives de ladite Chambre, dépositaire des registres dudit état civil;

Sur l'avis à nous donné par le grand-maître des cérémonies de France, que Madame la duchesse de Berry était prise des douleurs de l'enfantement, nous nous sommes transportés au palais des Tuileries, pavillon de Marsan, résidence actuelle de S. A. R. très haute et très puissante princesse Caroline-Ferdinande-Louise, princesse des Deux-Siciles, duchesse de Berry, veuve de très haut et très puissant prince Charles-Ferdinand d'Artois, duc de Berry, fils de France, décédé à Paris le 14 février dernier, à l'effet d'y constater la naissance de l'enfant *dont est demeurée enceinte ladite princesse*, en dresser procès-verbal, et recevoir, conformément à l'ordonnance du Roi du 23 mars 1816, l'acte de naissance prescrit par le Code Civil.

7

Arrivés audit palais, et conduits à l'appartement de Madame la duchesse de Berry, nous y avons trouvé S. A. R. déja heureusement accouchée d'un enfant du sexe masculin, ainsi que nous l'avons vérifié, né à deux heures trente-cinq minutes du matin, ainsi que nous l'ont déclaré les témoins de l'événement, ci-après désignés, et qui, d'après les ordres du Roi à nous transmis par le grand-maître des cérémonies, doit se nommer Henri-Charles-Ferdinand-Marie-Dieudonné d'Artois, duc de Bordeaux.

Suit la déclaration desdits témoins :

1° Louis-Gabriel Suchet, duc d'Albuféra, pair et maréchal de France, grand'croix de l'ordre royal de la Légion-d'Honneur, commandeur de l'ordre royal et militaire de Saint-Louis, âgé de quarante huit ans, demeurant à Paris, rue du Faubourg-Saint-Honoré, l'un des témoins désignés par le Roi, aux termes de l'ordonnance du 23 mars 1816, de laquelle désignation il nous a justifié par lettre close de Sa Majesté du 11 juillet dernier,

Déclare ce qui suit :

J'étais logé par ordre du Roi au pavillon de Flore ; au premier avertissement qui me fut donné des douleurs que ressentait S. A. R. Madame la duchesse de Berry, je m'empressai de me rendre à son appartement ; j'y arrivai à deux heures quarante – cinq minutes. A mon arrivée dans la chambre de la princesse, S. A. R. était déja accouchée ; elle me dit : « Monsieur le Maréchal, vous voyez que l'enfant me « tient encore ; je n'ai point voulu que l'on coupât le cordon, « avant votre arrivée ». Je reconnus en effet à l'instant que l'enfant n'était point détaché de sa mère, et qu'il était du sexe masculin. *La section du cordon ombilical n'eut lieu que quelques minutes après ; elle fut faite par M. Deneux, accoucheur de la princesse, en ma présence et en celle de plusieurs gardes nationaux qui avaient été appelés pour en être témoins, et dont trois étaient arrivés avant moi auprès du lit de la princesse ; MM. Bougon et Baron et Madame de Gontaut étaient aussi présents à cette opération.* Lorsqu'elle fut terminée, S. A. R. donna l'ordre de faire entrer dans sa chambre tous les militaires qui se trouvaient au château ; ce qui fut exécuté ; et a signé.

Signé, LE MARÉCHAL DUC D'ALBUFÉRA.

2° Marie-François-Henri de Franquetot, duc de Coigny, pair et maréchal de France, chevalier-commandeur des ordres du roi, gouverneur de l'hôtel royal des Invalides, âgé de quatre-vingt-trois ans, demeurant à Paris, audit hôtel des Invalides, témoin pareillement désigné par lettre close de Sa Majesté, sous la même date,

Déclare ce qui suit :

Je logeais par ordre du Roi, et depuis quelques jours au château des Tuileries ; je fus averti que S. A. R. venait d'accoucher, je m'empressai de me rendre à son appartement ; au moment où j'y arrivai, la section du cordon ombilical venait d'avoir lieu, en présence de M. le duc d'Albuféra, et de plusieurs autres personnes présentes ; je reconnus que l'enfant était du sexe masculin ; et a signé.

Signé, Maréchal Duc de Coigny.

3° Nicolas-Victor Laîné, âgé de vingt-quatre ans, marchand épicier, demeurant rue de la Tixeranderie, n° 52, grenadier au quatrième bataillon, neuvième légion, de la garde nationale de Paris,

Déclare ce qui suit :

J'étais en faction à la porte du pavillon Marsan, une dame vint m'engager à monter dans l'appartement de Madame la duchesse de Berry, pour attester que S. A. R. était accouchée d'un prince ; j'y montai de suite. Je fus introduit dans la chambre de la princesse, où il n'y avait encore que M. Deneux et une autre personne de la maison. Au moment où j'y entrai, je remarquai que la pendule marquait deux heures trente-cinq minutes. *La princesse m'invita elle-même à vérifier le sexe de l'enfant et la circonstance qu'il n'était pas encore détaché de sa mère;* je reconnus en effet qu'il en était ainsi. Bientôt après arrivèrent MM. Paigné et Dauphinot, M. le duc d'Albuféra, et ensuite M. Triozon. *Ce n'est qu'après leur arrivée et en leur présence qu'a eu lieu la section du cordon,* après vérification faite du sexe de l'enfant, qui a été reconnu être du sexe masculin ; et a signé.

Signé, Laîné.

4° Augustin-Pierre Paigné, âgé de trente-quatre ans, pharmacien, demeurant, place Baudoyer, n° 1, premier

sous-lieutenant de grenadier au quatrième bataillon, nèu-
vième légion, de la garde nationale de Paris,

Déclare ce qui suit :

J'étais devant le poste, lorsqu'un officier vient m'engager à me rendre avec un autre témoin dans l'appartement
de S. A. R. Madame la duchesse de Berry ; j'y montai avec
M. Dauphinot. La princesse m'ordonna de vérifier le sexe
de l'enfant que je reconnus être masculin ; *et M. Deneux
me fit voir qu'il n'était pas encore détaché de sa mère* ; et
a signé.

Signé, A. PAIGNÉ.

5° Hippolyte-Louis Dauphinot, âge de trente-huit ans,
employé, demeurant à Paris, rue de Jouy, n° 8, sergent
de grenadiers au quatrième bataillon, neuvième légion, de
la garde nationale,

Déclare ce qui suit :

On vint prévenir au poste que Madame la duchesse de
Berry venait d'accoucher ; je montai avec M. Paigné. Je vis
l'enfant mâle ; dont la princesse était accouchée *tenant encore à sa mère. J'ÉCLAIRAI M. Deneux au moment où il
opéra la section du cordon ombilical* ; et a signé.

Signé, DAUPHINOT.

6° Pierre-Antoine Triozon-Sadony, âgé de quarante-neuf
ans, négociant, demeurant place Royale, n° 26, capitaine
de grenadiers au quatrième bataillon, neuvième légion, de
la garde nationale,

Déclare ce qui suit :

J'étais au poste du pavillon de Flore. On vint m'avertir
de l'accouchement de S. A. R. ; je m'empressai de me rendre à son appartement. Je fus introduit dans la chambre
au moment où la section du cordon ombilical venait d'être
opérée, en présence de M. le duc d'Albuféra et de plusieurs
gardes nationaux et autres personnes. J'ai reconnu que
l'enfant était du sexe masculin ; et a signé.

Signé, TRIOZON-SADONY.

7° Louis Franque, âgé de trente ans, garde-du-corps de
MONSIEUR, de première classe, demeurant à l'hôtel des
Gardes,

Déclare ce qui suit :

J'étais en faction à la porte de S. A. R. Madame la duchesse de Berry, et j'ai été le premier prévenu de l'événement. La dame qui me l'annonça m'ayant engagé à entrer, je laissai un instant mon fusil, j'entrai dans la chambre, et je vis l'enfant mâle dont la princesse venait d'accoucher, *non encore détaché de sa mère*; et a signé.

Signé, FRANQUE.

8° Augustin-Charles-Henri d'Hardivilliers, âgé de trente-trois ans, capitaine de grenadiers au troisième régiment de la garde royale, demeurant à Paris, rue du Bac, n° 120,

Déclare ce qui suit :

J'étais à mon poste, on vint me dire que S. A. R. ressentait les douleurs de l'enfantement; je me rendis à son appartement. On me fit entrer dans la chambre ; je vis l'enfant *non encore détaché de sa mère.* Je sortis aussitôt, pour aller chercher M. le duc d'Albuféra; mais il s'était croisé avec moi, et je ne le trouvai plus à son appartement; et a signé.

Signé, D'HARDIVILLIERS.

9° Rose-Joséphine Gauné de Cazeau, femme De Vathaire, première femme de chambre de S. A. R. Madame la duchesse de Berry, âgée de quarante-huit ans, demeurant au pavillon Marsan,

Déclare ce qui suit :

J'occupe une chambre joignant immédiatement celle de la princesse, et dont la porte restait ouverte pendant la nuit. J'avais quitté S. A. R. *en parfaite santé à deux heures du matin*, et je dormais depuis peu de temps, lorsque je fus réveillée par la voix de Madame la duchesse de Berry qui appelait à elle; j'y courus à l'instant même. Madame Bourgeois y arriva en même temps que moi. La princesse me dit qu'elle était à l'instant d'accoucher. On m'avait confié la clé de l'appartement des enfants de S. A. R., afin que je pusse avertir aux premières souffrances, M. Deneux, accoucheur de la princesse, et Madame de Gontaut; je m'empressai d'y courir. Lorsque je revins, Madame Bourgeois me dit que la princesse était accouchée ; je vis en effet l'enfant *tenant encore à sa mère.* S. A. R. me dit que c'était un garçon, ce que je vérifiai. Il n'y avait encore auprès de la princesse que Madame Bourgeois et moi; je pensai qu'il fallait appeler quelqu'un, pour être témoin. On alla chercher le garde-du-corps et le garde national qui se trouvaient de faction; et successivement, il arriva plusieurs autres personnes, parmi lesquelles se trouvait M. le duc d'Albuféra. *La section du cordon n'a eu lieu qu'en leur présence.* On avait envoyé de Pau à la princesse du vin de Jurançon et une gousse d'ail; S. A. R. s'en souvint, et demanda qu'on fît boire à l'enfant de ce vin, et qu'on lui frotât les lèvres avec la gousse d'ail; ce qui fut exécuté par *Sa Majesté elle-même,* qui était survenue dans l'intervalle; et a signé.

Signé, GAUNÉ CAZEAU DE VATHAIRE.

10° Charlotte-Marie Villemot, femme Bourgeois, âgée de trente-six ans, femme de chambre ordinaire de S. A. R., demeurant au pavillon Marsan,

Déclare ce qui suit :

J'avais quitté à deux heures S. A. R. pour me retirer dans ma chambre qui est très voisine de la sienne, et dont la porte restait ouverte. *A peine étais-je endormie que la princesse s'est écriée en disant :* « *Madame Bourgeois,* « *vite, il n'y a pas un seul moment à perdre* ». Je sautai au bas de mon lit, je tirai les sonnettes, et *à peine étais-je arrivée au lit de la princesse, que je reçus la tête de l'enfant. La princesse demanda aussitôt de la lumière,* car il n'y en avait pas dans ce moment; *j'allumai un flambeau à la lampe.* « Dieu, quel bonheur! s'est écriée la princesse! « c'est un garçon, c'est Dieu qui nous l'envoie. » Madame de Vathaire, arrivée en même temps que moi, était allée aussitôt prévenir M. Deneux; à son retour et sur l'ordre de la princesse qui désirait qu'on fît entrer le plus de témoins possible, j'allai chercher le garde-du-corps de Monsieur et le garde national qui se trouvaient de faction; ils arrivèrent aussitôt et furent suivis de plusieurs autres. Bientôt après arriva aussi M. le duc d'Albuféra. Ce n'est qu'après son arrivée, et lorsqu'il eut vérifié le sexe de l'enfant, *qu'eut lieu la section du cordon ombilical;* et a signé.

Signé, C. M. f. BOURGEOIS.

1 1º Marie-Charlotte-Julienne-Eugénie de Coucy, duchesse de Reggio, âgée de vingt-neuf ans, dame d'honneur de S. A. R., demeurant au pavillon Marsan,

Déclare ce qui suit :

J'ai été avertie sur-le-champ que S. A. R. ressentait les douleurs de l'enfantement, je m'y suis rendue à l'instant même. En entrant, je vis sur le lit *l'enfant non encore détaché de sa mère*; la princesse m'apprit que c'était un garçon, j'allai sur-le-champ en prévenir S. A. R. MONSIEUR; et a signé.

Signé, MARÉCHALE OUDINOT, duchesse de Reggio.

12º Marie-Louise-Joséphine de Montaut, vicomtesse de Gontaut-Biron, âgée de quarante-sept ans, gouvernante des enfants de feu S. A. R. Monseigneur le duc de Berry, demeurant au pavillon Marsan,

Déclare ce qui suit :

A deux heures et demie, Madame de Vathaire vint m'avertir que S. A. R. ressentait les douleurs de l'enfantement, je m'y rendis aussitôt. En entrant dans la chambre, j'entendis les premiers cris de l'enfant. Madame la duchesse de Berry s'est écriée, en me tendant les bras : « C'est Henri ! » J'ai reconnu que *l'enfant n'était point encore détaché de sa mère*, et était du sexe masculin. Au même moment sont arrivés des gardes nationaux, appelés par les ordres de S. A. R., et immédiatement après M. le duc d'Albuféra. *Ce n'est qu'en sa présence*, et après la vérification par lui faite du sexe de l'enfant, que *la section du cordon ombilical a eu lieu*; et a signé.

Signé, M. L. J. MONTAUT, vicomtesse de Gontaut.

13º Ursule-Antoinette Blaise, femme Lemoine, âgée de quarante-quatre ans, garde de S. A. R. Madame la duchesse de Berry, demeurant au pavillon Marsan,

Déclare ce qui suit :

On est venu m'avertir en même temps que Madame de Gontaut. J'arrivai quelques instants avant elle à l'appartement de S. A. R. L'enfant criait très fort, et *n'était point encore détaché de sa mère*, je reconnus qu'il était du sexe masculin; et a signé.

Signé, Veuve LEMOINE.

14° Louis-Charles Deneux, âgé de cinquante-trois ans, docteur en médecine, accoucheur de S. A. R. Madame la duchesse de Berry, demeurant rue de l'Université, n° 62,

Déclare ce qui suit :

A deux heures et demie, je fus prévenu que S. A. R. ressentait des douleurs de l'enfantement ; je courus sur-le-champ, et sans prendre le temps de m'habiller entièrement, à l'appartement de la princesse. *Elle n'avait point eu le temps d'être changée de lit.* Au moment où j'arrivai près d'elle, j'entendis l'enfant crier ; je reconnus qu'il était du sexe masculin, et qu'il n'était point encore détaché de sa mère, *laquelle n'était point encore délivrée. Il a été vu dans cet état par plusieurs des gardes nationaux et gardes de MONSIEUR ; par M. le duc d'Albuféra, et par MM. Baron et Bougon.* D'après le désir de S. A. R., l'enfant jouissant d'une parfaite santé, *la section du cordon n'a eu lieu qu'en présence de ces différentes personnes* ; et a signé.

Signé, DENEUX, accoucheur.

15° Jacques-François Baron, âgé de trente-neuf ans, médecin des enfants de feu S. A. R. Monseigneur le duc de Berry, demeurant rue du Four-Saint-Germain, n° 47,

Déclare ce qui suit :

Arrivé à deux heures trente-cinq minutes dans la chambre de S. A. R., je vis l'enfant *placé sur sa mère, et non encore détaché d'elle.* Je reconnus qu'il était du sexe masculin. La section du cordon ombilical n'a eu lieu qu'après l'arrivée de M. le duc d'Albuféra et de plusieurs autres témoins ; et a signé.

Signé, BARON.

16° Charles-Jacques-Julien Bougon, âgé de quarante-un ans, premier chirurgien de S. A. R. MONSIEUR, demeurant rue Saint-Honoré, n° 333,

Déclare ce qui suit :

Je suis arrivé dans la chambre de S. A. R. Madame la duchesse de Berry, sur le premier avis qui m'en a été donné, et quelques instants après M. Baron. *L'enfant était placé sur sa mère, et lui était encore attaché par le cordon ombilical dont la section n'a eu lieu qu'après l'arrivée et en présence de M. le duc d'Albuféra et de plusieurs autres témoins.* Je reconnus que l'enfant était du sexe masculin; et a signé.

Signé, BOUGON.

17° Alexandre-Marie-Louis-Charles Lallemant, comte de Nantouillet, âgé de soixante-un ans, premier écuyer de feu S. A. R. Monseigneur le duc de Berry, demeurant à l'Élysée-Bourbon,

Déclare ce qui suit :

A deux heures trois quarts environ, je fus averti que Madame la duchesse de Berry éprouvait les douleurs de l'enfantement. Je courus à son appartement, et par son ordre j'approchai de son lit. La princesse me montra elle-même *que l'enfant tenait encore.* Je reconnus qu'il était du sexe masculin; et a signé.

Signé, le Comte DE NANTOUILLET.

A l'information ci-dessus étaient présents : 1° Armand-Emmanuel-Septimanie du Plessis, duc de Richelieu, pair de France, grand-veneur de France, chevalier-commandeur des ordres du Roi, ministre secrétaire d'état, président du conseil des ministres, et en cette qualité, tenant, à défaut du ministre secrétaire d'état de la maison du Roi, les registres de l'état civil de la maison royale ; accompagné de Jules-Jean-Baptiste-François de Chardebœuf, comte de Pradel, directeur général du ministère de la maison du Roi; 2° Henri-Evrard de Dreux, marquis de Brezé, pair de France, grand-maître des cérémonies de France, maréchal-de-camp des armées du Roi.

Et du tout avons dressé le présent procès-verbal, inscrit sur le double registre de l'état civil de la maison royale, et auquel, après lecture faite, ont signé avec nous et les témoins désignés par le Roi: 1° Très haut, très puissant et très excellent prince, LOUIS, par la grace de Dieu, roi de France et de Navarre; très haut et très puissant Charles-Philippe de France, comte d'Artois, MONSIEUR, frère du Roi; très haute et très puissante princesse Marie-Thérèse-Charlotte de France, MADAME, duchesse d'Angoulême; très haut et très puissant prince Louis - Antoine d'Artois, duc d'Angoulême, fils de France; 2° Très haut et puissant prince

LOUIS – PHILIPPE D'ORLÉANS , duc d'Orléans, premier prince du sang; très haute et puissante princesse S. A. R. Marie-Amélie, princesse des Deux-Siciles, duchesse d'Orléans, son épouse, première princesse du sang; très haute et puissante princesse Louise-Marie-Adélaïde de Bourbon, duchesse d'Orléans, première princesse du sang, douairière ; très haut et puissant prince Louis-Henri-Joseph de Bourbon, duc de Bourbon, prince du sang; très haute et puissante princesse Louise-Marie-Thérèse-Batilde d'Orléans, duchesse de Bourbon, princesse du sang ; très haute et puissante princesse Eugène-Adélaïde-Louise d'Orléans, Mademoiselle d'Orléans, princesse du sang ; 3° le Président du conseil des ministres, le Directeur général du ministère de la maison du Roi, et le grand-maître des cérémonies de France.

Fait à Paris, au palais des Tuileries, les jour, mois et an que dessus.

> Signé, LOUIS; CHARLES-PHILIPPE; MARIE-THÉRÈSE; LOUIS-ANTOINE.
> LOUIS-PHILIPPE D'ORLÉANS; MARIE-AMÉLIE; LOUISE-MARIE-ADÉLAÏDE DE BOURBON ; LOUIS-HENRI-JOSEPH DE BOURBON ; L. M. T. B. D'ORLÉANS – BOURBON; EUGÈNE A. L. D'ORLÉANS.
> *Maréchal duc de Coigny. — Maréchal duc d'Albuféra. — Le duc de Richelieu. — Le comte de Pradel. — Le marquis de Dreux-Brezé. — Dambray. — Marquis de Semonville. — Cauchy.*

Et de suite, nous chancelier de France, assisté comme dessus, avons, en vertu des pouvoirs à nous conférés par l'ordonnance du roi du 23 mars 1816, procédé à la réception de l'acte de naissance ci-après:

Du vendredi vingt-neuvième jour de septembre mil huit cent vingt,

Acte de naissance de très haut et puissant prince Henri-Charles-Ferdinand-Marie-Dieudonné d'Artois, duc de Bordeaux, petit-fils de France, né aujourd'hui à deux heures trente-cinq minutes du matin, au palais des Tuileries, à Paris, fils de très haut et très puissant prince feu Charles-Ferdinand d'Artois, duc de Berry, fils de France, décédé à Paris , le 14 février dernier , et de très haute et très puissante princesse Caroline-Ferdinande-Louise, princesse des Deux-Siciles, duchesse de Berry, sa veuve, demeurant audit palais des Tuileries, pavillon de Marsan.

Le présent acte reçu par nous, Charles-Henri Dambray, chevalier, chancelier de France, président de la Chambre des Pairs , chevalier et commandeur des ordres du Roi , remplissant , aux termes de l'ordonnance de S. M. du 23 mars 1816, les fonctions d'officier de l'état civil de la maison royale ; accompagné de Charles-Louis Huguet, marquis de Semonville , pair de France , grand-référendaire de la Chambre des Pairs, grand-officier de l'ordre royal de la Légion-d'Honneur, et de Louis-François Cauchy, garde des archives de ladite Chambre, dépositaire des registres dudit état civil ;

En présence de très haut, très puissant et très excellent prince, LOUIS, par la grace de Dieu, roi de France et de Navarre ; de très haute et très puissante princesse Marie-Thérèse-Charlotte de France, MADAME, duchesse d'Angoulême ; de très haut et très puissant prince Louis-Antoine d'Artois, duc d'Angoulême , fils de France : de très haut et puissant prince LOUIS-PHILIPPE D'ORLÉANS, duc d'Orléans , premier prince du sang ; très haute et puissante princesse S. A. R. Marie-Amélie , princesse des Deux-Siciles , duchesse d'Orléans, son épouse, première princesse du sang ; très haute et puissante princesse Louise-Marie-Adélaïde de Bourbon , duchesse d'Orléans, première princesse du sang, douairière ; très haut et puissant prince Louis-Henri-Joseph de Bourbon, duc de Bourbon, prince du sang ; très haute et puissante princesse Louise-Marie-Thérèse-Batilde d'Orléans, duchesse de Bourbon, princesse du sang ; très haute et puissante princesse Eugène-Adélaïde-Louise d'Orléans, Mademoiselle d'Orléans, princesse du sang ;

En présence pareillement des témoins désignés par le Roi à l'effet du présent acte, savoir : François-Henri de Franquetot, duc de Coigny, pair et maréchal de France , chevalier-commandeur des ordres du Roi, gouverneur de l'hôtel-royal des Invalides, âgé de quatre-vingt-trois ans, demeurant à Paris, audit hôtel des Invalides, et Louis-Gabriel Suchet, duc d'Albuféra, pair et maréchal de France, grand'croix de l'ordre royal de la Légion-d'Honneur, commandeur de l'ordre royal et militaire de Saint-Louis, âgé de quarante-huit ans, demeurant à Paris, rue du Faubourg-Saint-Honoré; lesquels témoins nous ont l'un et l'autre justifié de leur désignation par lettres closes de S. M., en date du 11 juillet dernier;

Et encore en présence, 1° d'Armand-Emmanuel-Septinanie du Plessis, duc de Richelieu, pair de France, grand-veneur de France, chevalier-commandeur des ordres du Roi, ministre secrétaire d'état, président du conseil des ministres, accompagné de Jules-Jean-Baptiste-François de Chardebœuf, comte de Pradel, directeur général du ministère de la maison du Roi; 2° de Henri-Evrard de Dreux, marquis de Brezé, pair de France, grand-maître des cérémonies de France, maréchal-de-camp des armées du Roi; 3° Des ministres de S. M., secrétaires d'état aux divers départements de la justice, des affaires étrangères, de l'intérieur, de la guerre, de la marine et des finances, savoir : Pierre-François-Hercule de Serre, garde-des-sceaux, ministre de la justice; *Étienne-Denis baron Pasquier*, ministre des affaires étrangères; *Joseph-Jérome comte Siméon*, ministre de l'intérieur; Marie-Victor-Nicolas de Fay, marquis de Latour-Maubourg, ministre de la guerre; Pierre-Barthélemi baron Portal, ministre de la marine; *et Antoine Roy*, ministre des finances.

Vu la déclaration de très haut et très puissant prince Charles-Philippe de France comte d'Artois, MONSIEUR, frère du Roi, aïeul paternel du prince nouveau-né, curateur au ventre, nommé par ordonnance de S. M., du 22 juin dernier.

Et ont signé avec nous, après lecture faite.

Signé, LOUIS; Charles-Philippe, Marie-Thérèse, Louis-Antoine.

LOUIS-PHILIPPE D'ORLÉANS. — Marie-Amélie. — Louise-Marie-Adélaïde de Bourbon. — Louis-Henri-Joseph de Bourbon. — L. M. T. B. d'Orléans-Bourbon. — Eugène A. L. d'Orléans. — Maréchal duc de Coigny. — Maréchal duc d'Albuféra. — Le duc de Richelieu. — Le comte de Pradel. — Le marquis de

Dreux-Brezé. — H. de Serre. — Pasquier. — Siméon. — Marquis V. de Latour-Maubourg. — Baron Portal. — Roy. — Dambray. — Marquis de Semonville. — Cauchy.

(Signé pareillement avec la permission de Sa Majesté présente) :

†. *A. cardinal de Périgord. — Le prince de Talleyrand. — Le duc de La Châtre. — Le duc de Gramond. — Le duc de Luxembourg. — N. duc de Mouchy. — Le duc d'Havré et de Croï. — Maréchal Oudinot. — Le duc d'Avaray. — Le marquis de Boisgelin. — Le duc d'Escars. — Le marquis de La Suze. — Le duc de Sérent. — Le marquis de Champcenetz. — Le marquis de Rochemore. — Comte de Talleyrand. — †. J. B., évêque de Chartres. — Duc de Maillé. — Le comte d'Escars. — Duc de Polignac. — Le comte de Fougières. — †. A. L. H. de La Fare, archevêque de Sens. — Le vicomte de Montmorency. — Le vicomte d'Agout. — Le duc de Damas. — †. Marc-Marie, évêque d'Amiens. — Le marquis d'Autichamp. — Ravez. — Le duc de Levis. — Le comte de Mesnars. — Le comte de Nantouillet.*

Collationné au registre par le soussigné garde des archives de la Chambre des Pairs.

Signé, CAUCHY.

PROTESTATION.

S. A. R. déclare par les présentes qu'elle proteste formellement contre le procès-verbal daté du 29 septembre dernier, lequel acte prétend établir que l'enfant nommé Henri-Charles-Ferdinand-Dieudonné est le fils légitime de S. A. R. MADAME, duchesse de Berry.

Le duc d'Orléans produira en temps et lieu les témoins qui peuvent faire connaître l'origine de l'enfant et sa mère.

Il produira toutes les preuves nécessaires pour rendre ma-nifeste que la duchesse de Berry n'a jamais été ENCEINTE depuis la mort INFORTUNÉE *de son époux ; et il signalera les auteurs de la machination dont cette.* TRÈS FAIBLE PRINCESSE *a été l'instrument.*

En attendant qu'il arrive un moment favorable pour dé-voiler cette intrigue, le duc d'Orléans ne peut s'empêcher d'appeler toute l'attention sur *la scène fantastique*, qui, d'après le susdit procès-verbal, a été jouée au pavillon de Marsan.

Le Journal de Paris, que tout le monde sait être un journal confidentiel, annonça, *le 20 août dernier*, le pro-chain accouchement dans les termes suivants :

Des personnes qui ont l'honneur d'approcher la princesse, nous assurent que l'accouchement de S. A. R. n'aura lieu que du 20 au 28 septembre.

Lorsque le 28 septembre arriva, que se passa-t-il dans les appartements de la duchesse ?

Dans la nuit du 28 au 29, à deux heures du matin, toute la maison était couchée, et les lumières éteintes. A deux heures et demie, la princesse appela; mais la dame de Va-thaire, sa première femme de chambre, *était endormie*; la dame Lemoine, sa garde, *était absente*, et le sieur Deneux, l'accoucheur, *était déshabillé*.

Alors la scène changea. La dame Bourgeois alluma une chandelle, et toutes les personnes qui arrivèrent dans la chambre de la duchesse, virent un enfant qui n'était *pas encore détaché du sein de sa mère.*

Mais comment cet enfant était-il placé ?

Le médecin Baron, déclare qu'il vit l'enfant placé sur sa mère et non encore détaché d'elle.

Le chirurgien Bougon déclare que l'enfant était placé sur sa mère, et encore attaché par le cordon ombilical.

Ces deux praticiens savent combien il est important de ne pas expliquer plus particulièrement, comment l'enfant était placé sur sa mère.

Madame la duchesse de Reggio a fait la déclaration sui-vante :

« Je fus informée sur-le-champ que S. A. R. ressentait les douleurs de l'enfantement. J'accourus auprès d'elle à l'instant même, et en entrant dans la chambre, je vis *l'enfant sur le lit*, et non encore détaché de sa mère. »

Ainsi l'enfant était sur le lit, la duchesse dans le lit, et le cordon ombilical introduit sous la couverture.

Remarquez ce qu'observa le sieur Deneux, accoucheur, qui, à deux heures et demie, fut averti que la duchesse ressentait les douleurs de l'enfantement, qui accourut sur-le-champ auprès d'elle, sans prendre le temps de s'habiller entièrement, qui la trouva dans son lit, et entendit l'enfant crier.

Remarquez ce que vit Madame de GOULARD, qui, à deux heures et demie, fut informée que la duchesse ressentait les douleurs de l'enfantement, qui vint sur-le-champ, et entendit les premiers cris de l'enfant.

Remarquez ce que vit le sieur Franque, garde-du-corps de MONSIEUR, qui était en faction à la porte de S. A. R., et qui fut la première personne informée de l'événement par une dame qui le pria d'entrer.

Remarquez ce que vit le sieur Laîne, garde national, qui était en faction à la porte du pavillon de Marsan, qui fut invité par une dame à monter, monta, fut introduit dans la chambre de la princesse, où il n'y avait que le sieur Deneux et une autre personne de la maison, et qui au moment où il entra, observa que la pendule marquait deux heures trente-cinq minutes.

Remarquez ce que vit le médecin Baron, qui arriva à deux heures trente-cinq minutes, et le chirurgien Bougon, qui arriva quelques instans après le sieur Baron.

Remarquez ce que vit le maréchal Suchet, qui était logé par ordre du Roi au pavillon de Flore, et qui, au premier avis que S. A. R. ressentait les douleurs de l'enfantement, se rendit en toute hâte à son appartement, mais n'arriva qu'à deux heures quarante-cinq minutes, et qui fut appelé pour assister à la section du cordon ombilical quelques minutes après.

Remarquez ce qui doit avoir été vu par le maréchal duc de Coigny, qui était logé aux Tuileries par ordre du roi, qui fut appelé lorsque S. A. R. était délivrée, qui se rendit en hâte à son appartement, mais qui n'arriva qu'un moment après que la section du cordon avait eu lieu.

Remarquez, enfin, ce qui fut vu par toutes les personnes qui furent introduites, après deux heures et demie jusqu'au moment de la section du cordon ombilical, qui eut lieu quelques minutes après deux heures trois quarts.

Mais où étaient donc *les parents de la princesse* pendant cette scène, qui dura au moins vingt minutes? Pourquoi, durant un si long espace de temps affectèrent-ils de l'abandonner aux mains *de personnes étrangères, de sentinelles et de militaires* de tous les rangs? Cet abandon affecté n'est-il pas précisement la preuve complète d'une faute grossière et manifeste? N'est-il pas évident, qu'après avoir arrangé la pièce, ils se retirèrent à deux heures et demie, et que placés dans un appartement voisin, ils attendirent le moment d'entrer en scène et de jouer les rôles qu'ils s'étaient assignés.

Et en effet, vit-on jamais, lorsqu'une femme, de quelque classe que ce soit, était sur le point d'accoucher, que, pendant la nuit, les lumières fussent éteintes, que les femmes placées auprès d'elle fussent endormies, que celle qui était plus spécialement chargée de la soigner, s'éloignât; que son accoucheur fût déshabillé, et que sa famille habitant sous le même toit, demeurât plus de vingt minutes sans donner signe de vie?

S. A. R. le duc d'Orléans est convaincue que la nation française et tous le souverains de l'Europe sentiront toutes les conséquences dangereuses d'une fraude si audacieuse et si contraire au principe de la monarchie héréditaire et légitime.

Déja la France et l'Europe ont été victimes de l'usurpation de Bonaparte. Certainement une nouvelle usurpation, de la part d'un prétendu Henri v, amènerait les mêmes malheurs sur la France et sur l'Europe.

Fait à Paris, le 30 septembre 1820.

FIN.